W0044669

LEBENSHILFE

Dieses Buch widme ich

all den mutigen Menschen,
die mit mir über ihr Leben und ihre Verluste in den
Trauer-Selbsthilfegruppen
an der St. Paul's United Methodist Church, Tucson,
Arizona, gesprochen haben.

Dr. Howard Clinebell jr.

der mich in die tiefere Bedeutung der
Seelsorgetätigkeit eingewiesen hat.

June Deits,

die mein Leben, seit wir beide 18 Jahre alt waren,
›in guten wie in schlechten Tagen‹ begleitet.

Inhalt

Danksagung

Ich habe so vielen Menschen zu danken, die halfen, dieses Buch zu verwirklichen, daß ich bei einer Aufzählung gewiß jemand vergessen würde. Daher gilt mein Dank zunächst allen nicht namentlich Genannten, die ihren Beitrag zur Fertigstellung dieses Buches geleistet haben.

Großen Dank schulde ich Howard, Helen und Bill Fisher vom Verlag Fisher Books. Sie vertrauten darauf, daß aus der verwirrenden Fülle von Sätzen, Abschnitten und Einschüben, aus denen mein ursprüngliches Manuskript bestand, ein brauchbares Buch zustande zu bringen sei. Meine Dankbarkeit gilt auch allen Mitarbeitern, die sich am Lektorat der vielen Versionen beteiligten, so daß ich nunmehr auf das Endprodukt stolz sein kann. Mike Hammond nimmt einen besonderen Platz in meinem Herzen ein, der mich freundlicherweise mit den Fishers bekannt gemacht hat. Ich danke auch meiner Tochter, Jeanne Hughes, die Mike von dem Projekt erzählte und mich drängte, mich nach unserem ersten Treffen mit Howard und Bill an den Schreibtisch zu setzen.

Mehr als 30 vielbeschäftigte Menschen nahmen sich die Zeit, um frühe Versionen des Manuskriptes zu lesen. Ihnen allen danke ich für wertvolle Anregungen, die in diesem Buch berücksichtigt wurden.

Kirchenrat und Kirchengemeinde der St. Paul's United Methodist Church dispensierten mich von meinen seelsorgerischen und administrativen Aufgaben, um mich dem Schreiben widmen zu können. Häufig übernahm ein Priesterkollege meine Aufgaben. Ihnen allen gilt mein Dank.

Ein besonderes Dankeschön geht an meinen Bruder Frank Deits, dessen Geschick im Umgang mit Computern nur noch von seiner Geduld übertroffen wird, mit der er mich in der Bedienung des Geräts unterwies. Ohne ihn hätte ich es *nie* geschafft! Ich bedanke mich auch bei Franks Frau Mary Deits, einer Berufsberaterin, die mich ihre speziellen Ansichten über Beziehungen zwischen Körper und Emotionen wissen ließ.

9

Ich danke auch allen Pionieren, die sich in ihrem Schaffen um ein besseres Verständnis von Trauer und Verlust bemühten, allen voran Dr. Glen Davidson, Rabbi Earl Grollman, Dr. Elisabeth Kübler-Ross, Rabbi Harold Kushner, Dr. Howard Clinebell jr. sowie Dr. Granger Westburg. Diese Experten haben sich große Verdienste erworben, indem sie die Mauer des Schweigens brachen und es zuwege brachten, daß heute offen über Trauer gesprochen werden kann.

Den größten Dank schulde ich meiner geliebten Frau und besten Freundin June. Sie bestärkte mich nachdrücklich darin, meine Gedanken zu Papier zu bringen und sie nahm zahllose Opfer auf sich, um mir Zeit zum Schreiben zu geben, jeden Abschnitt Dutzende Male zu überarbeiten, bis das Buch fertig war. Auch June äußerte sich freimütig zu ihren Verlusten in Workshops und auf den Seiten dieses Buches.

Bob Deits
Tucson, Arizona
1988

Einführung

Dieses Buch soll nicht nur gelesen werden, es wurde geschrieben, um danach zu *handeln*. Es ist ein Buch über das Leben, über Verluste und über das Leben mit der Trauer. Es gibt Ihnen Anregungen, wie Sie mit Verlusten umgehen, um Ihre Trauer zu kontrollieren und wie Sie lernen, auch nach schweren Verlusten wieder Freude am Leben zu haben. Es wird Ihnen helfen, Ihre Gefühle zu verstehen und eine bessere Vorstellung davon zu erhalten, was Sie von sich selbst zu erwarten haben, wenn alles um Sie herum zusammenzubrechen droht.

Das Buch kann Ihnen auch als wertvolle Anleitung dienen, um anderen zu helfen. Priester, Menschen in beratenden Berufen, Betreuer in Alten- und Pflegeheimen, jeder, der einem Familienmitglied oder Freund in Zeiten der Trauer beistehen möchte, kann tatkräftige Hilfe leisten.

Dieses Buch ist aus folgenden Gründen wichtig:
● *Verlust ist ein Bestandteil unseres Lebens.*

Kein Mensch ist gegen Verlust gefeit. Ebensowenig bewahrt Sie ein großer Verlust davor, in Zukunft weitere große Verluste hinnehmen zu müssen. *Wohin mit meiner Trauer* bereitet Sie darauf vor, um mit jeder Art von Verlusterfahrung umgehen zu können.

● *Verlust ist eine zu schmerzhafte Erfahrung, um in Worte gefaßt zu werden.*

Niemand kann den emotionalen und seelischen Schmerz eines großen Verlustes vorhersagen. Nach einem Todesfall oder nach einer Scheidung büßen Sie vielleicht Ihr Selbstwertgefühl völlig ein. Das Leben verliert seinen Sinn. In dieser Zeit können Sie große Unterstützung in einer Gruppe von Menschen finden, die gleichfalls Verlust und Trauer durchlitten haben. In Anhang C finden Sie Anregungen, wie Sie eine solche Selbsthilfegruppe gründen.

● *Chronische Trauer schadet Ihrer Einstellung zum Leben und Ihrer Gesundheit.*

Die Gefahr, sich eine ernsthafte Krankheit zuzuziehen, ist nach einem großen Verlust um ein Vielfaches erhöht – muß aber keine zwangsläufige Folge davon sein. Mit besonderen Maßnahmen können Sie Ihre Gesundheit schützen *und* Ihre Lebensfreude wiederfinden. Eine dieser Maßnahmen besteht darin, Ihrem Körper während des Trauerprozesses besondere Aufmerksamkeit zu widmen. In diesem Buch finden Sie Anleitungen, wie Sie Ihr körpereigenes Immunsystem stärken und positiv auf Ihre Gemütsverfassung einwirken. Anhang B liefert Ihnen wertvolle Informationen über gesunde Ernährung in Zeiten erhöhter Belastung.

● *Ihr Leben kann auch nach schwerem Verlust befriedigend und sinnvoll sein.*

Selbst der schwerste Verlust ist nicht gleichbedeutend mit dem Ende Ihrer Lebensfreude. Jeder Verlust ist mit Trauer verbunden. Sie können aber auch daran wachsen.

Sie können sich bewußt durch Ihren Trauerprozeß arbeiten, wenn Sie die in diesem Buch vorgeschlagenen Schritte befolgen.

Ich begann, Selbsthilfegruppen und Workshops für Trauernde zu leiten, in der Überzeugung, daß wir als Antwort auf unsere Verluste weit mehr tun können, als nur passiv abzuwarten und zu leiden.

Je mehr Menschen ich in ihrer Trauer begleitet habe, desto überzeugter bin ich davon, daß Trauer auch positive Aspekte hat. Trauer muß keine passive Leidenszeit sein. Sie ist nicht *bloß* ein furchtbarer Schicksalsschlag, der Sie getroffen hat. Trauer kann auch eine aktive Zeit der Selbstheilung nach dem Verlust eines geliebten Menschen, nach Ehescheidung, nach Verlust des Arbeitsplatzes, nach Veränderungen in der Familie oder nach einem anderen wichtigen Verlust sein.

Dieses Buch zeigt Ihnen, daß Trauer eine normale und angemessene Antwort auf die vielen Vergänglichkeiten des Lebens ist.

Trauer hilft Ihnen, Antworten auf Begleiterscheinungen schwerer Verluste zu finden, die uns häufig absonderlich erscheinen, aber vollkommen normal sind. So ist beispielsweise Vergeßlichkeit kein Zeichen dafür, daß Sie den Verstand verlieren; Ihre Wut auf einen verstorbenen lieben Menschen ist keine Sünde; und Tränen sind das deutlichste Zeichen, daß Sie auf dem Wege der Besserung sind!

Die zahlreichen Übungen dieses Buches geben Ihnen praktische Ratschläge, wie Sie beispielsweise nachts gut schlafen, wie Sie Ihren Tränen endlich freien Lauf lassen können und wie Sie es schaffen, ein Kapitel Ihrer Lebensgeschichte abzuschließen, das nunmehr der Vergangenheit angehört.

Sie lernen um Hilfe zu bitten, wenn Sie Hilfe am nötigsten brauchen – und Hilfe anzunehmen, wenn Sie Ihnen angeboten wird. Sie werden eine erstaunliche und wertvolle Wahrheit erkennen: Trauer ist zwar eine ganz persönliche Erfahrung, die zu leistende Arbeit zur Bewältigung Ihrer Trauer können Sie jedoch nicht allein tun.

Ungezählte Stunden, in denen ich mich mit den Verlusten anderer Menschen beschäftigt habe, haben mir gezeigt, daß Trauer nichts Häßliches ist. Ebensowenig ist sie eine Krankheit wie Schnupfen oder Erkältung. Die Erholung von Trauer gleicht eher dem Wiedererlangen des Gleichgewichts, nachdem man von einem Keulenhieb getroffen zu Boden gegangen ist.

In diesem Buch sind die persönlichen Berichte vieler Menschen über unterschiedliche Verlusterfahrungen wiedergegeben – einschließlich meine eigenen. Ich habe die große Hoffnung, daß Sie Ihre Angst vor Ihren Verlusten ein wenig verlieren, wenn Sie über unsere Verluste lesen – und dadurch besser vorbereitet sind, mit zukünftigen Verlusten in Ihrem Leben umzugehen. Damit stärken Sie sich für kommende Verlusterfahrungen.

Sie werden eine große Entdeckung machen: Ihr bester Freund in Zeiten der Trauer und des Verlustes sind *Sie selbst!*

Sie sind nämlich die einzige Person, die den Schmerz Ihres Verlustes in eine *kreative Veränderung* umsetzen kann.

Das Thema Gott und Verlust ist emotionsgeladen und heikel. Ich versuche nicht, Ihnen eine Erklärung einzureden, warum

Gott zuläßt, daß Menschen, die wir lieben, vorzeitig sterben, warum Gott zuläßt, daß unsere Träume zunichte gemacht werden oder warum wir überhaupt leiden müssen. Dieses Buch legt Ihnen nahe, mit der spirituellen Dimension der Trauer wie mit jedem anderen Verlustaspekt umzugehen. Richtig eingesetzt, kann Religion ein wichtiges Instrument der Trauerarbeit sein. Mißbräuchlich eingesetzt, kann sie allerdings Schaden bringen.

Nicht Verlust und Trauer sind unsere Feinde, unsere ständige Furcht vor Verlust und Trauer ist unser Feind. Über Trauer zu reden ist eine normale und angemessene Antwort auf jede große Verlusterfahrung und ein wichtiger Schritt zur Gesundung.

Das in diesem Buch gesammelte Material soll Ihnen Zuversicht geben für Ihr Leben nach einem Verlust, soll aber auch Ihre Lebensqualität *vor* einem Verlust verbessern.

Ob dieses Buch für Sie selbst, ein Mitglied Ihrer Familie oder für einen Freund bestimmt ist, es hilft, Verluste in Wachstumserfahrungen umzusetzen, um ein zufriedenes, erfülltes Leben zu führen.

Kapitel 1

Verlust und Trauer

Verluste gehören zum Leben

Die Trauer um den Verlust eines nahestehenden Menschen oder einer wichtigen Sache ist eine völlig normale Erfahrung, die jeder Mensch mehrfach in seinem Leben macht. Die Tagesnachrichten sind angefüllt mit Berichten von Tod, Trennungen, finanziellen Verlusten, Krankheiten und Naturkatastrophen. Die amerikanische Durchschnittsfamilie nimmt alle fünf Jahre einen Ortswechsel vor, wobei sie enge Beziehungen zu Freunden, Familienmitgliedern und der vertrauten Umgebung zurücklassen muß.

All diese jedermann bekannten Verlusterfahrungen werden erstaunlicherweise in einer geheimen Verschwörung des Schweigens vertuscht. Über Verluste spricht man nicht.

Wir tun so, als treffe Verlust nur Menschen, die ihn verdienen. Wir geben zwar zu, daß kein Mensch ewig lebt, beeilen uns aber hinzuzufügen, das Thema Tod treffe uns erst in irgendeiner fernen Zukunft.

Wir sind fest davon überzeugt, daß großer Verlust etwas ist, das nur anderen zustößt. Jim erlitt im Büro einen Herzinfarkt (in Wahrheit waren es drei Infarkte innerhalb weniger Stunden). Er wies deutlich die klassischen Symptome auf — Herzrasen, Schmerz und Druck auf der Brust, kalte Schweißausbrüche und Übelkeit. Er kämpfte gegen Schwäche und Schwindelgefühl an, indem er sich drei Stockwerke die Treppe hinaufschleppte — und sich dabei einredete, ein Herzinfarkt könne ihm nicht zustoßen.

Rückblickend erkannte er, daß er monatelang die Frühwarnzeichen mißachtet und verdrängt hatte. Jim unterscheidet sich in nichts von uns anderen.

Beantworten Sie bitte folgende Fragen:

- *Kann ich mir vorstellen, daß mein Kind, mein Vater, meine Mutter oder ein lieber Freund plötzlich stirbt?*
- *Wie würde ich mit einer Scheidung umgehen, von der ich überzeugt bin, sie könne mich niemals treffen?*
- *Wie würde ich mich fühlen, wenn ich das Haus verkaufen müßte, in dem ich seit Jahren lebe und in eine fremde Stadt ziehen müßte?*

Je bewußter Sie mit Ihren Verlusten umgehen, desto glücklicher und gesünder werden Sie sein. Der Anfang besteht darin, die Mauer des Schweigens abzureißen und Verlust als normalen Bestandteil unseres Lebens zu betrachten.

Hier liegt der Sinn dieses Buches: es soll Ihnen ein neues und tieferes Verständnis für die großen und kleinen Verluste Ihres Lebens eröffnen. Es gibt Ihnen außerdem Ratschläge, wie Sie sich durch diese Verluste hindurcharbeiten.

Jeder große Verlust prägt Ihr Leben auf dramatische Weise. Ein solcher Verlust beeinflußt Ihr Wohlbefinden und Ihre körperliche Gesundheit wesentlich tiefer und langfristiger als Ihnen möglicherweise bewußt ist.

Obgleich nicht angenehm, ist es jedoch notwendig, sich mit der Möglichkeit zu erleidender Verluste auseinanderzusetzen. Sie werden immer wieder Verluste erleiden. Auch das ist eine unleugbare Tatsache. Auch Ihre Familie und Ihre Freunde werden nicht von Verlusten verschont bleiben.

- *Jede Ehe endet mit Tod oder Scheidung.*
- *Jede menschliche Beziehung, die Sie eingehen, ist zeitlich begrenzt.*
- *Jede Karriere hat ein Ende.*
- *Nicht jedes Ziel, das Sie sich im Leben stecken, werden Sie erreichen.*
- *Der Altersprozeß ist unaufhaltsam.*

Verlust ist ein unausweichlicher Bestandteil des Lebens. Das mag uns ungerecht erscheinen, ist aber die Realität.

Die gute Nachricht dabei ist, daß Sie einen großen Verlust bewältigen können, ohne davon vernichtet zu werden.

Scotty leidet unter Arthritis im fortgeschrittenen Stadium. Sie ist seit Jahren an den Rollstuhl gefesselt. Ihre Finger sind so sehr verkrümmt, daß sie nicht mehr alleine essen kann. Sie hat ständig Schmerzen. Dennoch ist Scotty eine lebensbejahende Frau mit einem gewinnenden Lächeln, einem scharfen Verstand und dem unbeugsamen Willen, das Beste aus ihrem Leben zu machen.

Scotty hat viele Tränen vergossen. Sie weiß, was es heißt, körperliche Fähigkeiten zu verlieren, die den meisten Menschen selbstverständlich sind. Sie hat ihr Leiden akzeptiert und nicht zugelassen, daß es ihre Seele zerstört und aus ihr eine verbitterte Frau macht. Scotty ist eine sehr lebhafte Person, die den Menschen ihrer Umgebung große Inspiration und Kraft gibt.

Wir lernen von Kindesbeinen an, Glück und Erfüllung durch unsere Leistung zu finden. Wir messen Erfolg nach Gewinn. Hier liegt der Grund, warum unsere Lebensfreude durch einen schweren Verlust zunichte gemacht werden kann.

Jim und Jo hatten jahrelang Pläne für ihren Lebensabend gemacht. Beide lebten sparsam; er war ein fleißiger Mann und konnte sich Rücklagen schaffen. Der Tag, an dem Jim in Pension ging, sollte die Erfüllung eines Wunschtraums bringen. Das neu erstandene, langersehnte Wohnmobil stand in der Garageneinfahrt – und wartete auf den ersten Ausflug in das große Abenteuer. Zwei Monate später starb Jim an Herzversagen.

Randy erlitt eine andere Art von Verlust. Er war ein karrierebewußter Mann, der sich durch nichts am Aufstieg der Erfolgsleiter innerhalb seiner Firma beirren ließ. Er arbeitete besessen und verdiente eine Menge Geld. Wenn seine Frau sich darüber beklagte, daß er nie Zeit für sie habe, entgegnete er, sie solle dankbar sein für das schöne Haus in der gepflegten Wohngegend, das sie sich leisten konnten. Und er tröstete sie damit, daß sie später einmal ihren wohlverdienten Ruhestand genießen konnten. Eines Tages flatterten ihm die Scheidungspapiere auf den Schreibtisch. Als ich Randy kennenlernte, versuchte er, sich an ein Leben in einer Mietwohnung zu gewöhnen, durfte seine Kinder nur zu den vom Gericht festgesetzten Besuchszeiten sehen und mußte im Alter von 38 wieder lernen, alleine zu leben.

Vor kurzem sprach ich mit einem Ehepaar, das aus dem Mittelwesten der USA in unsere Stadt in der Wüste gezogen war. Ed war zum Leiter der Zweigstelle seiner Firma in unserer Stadt befördert worden, was mit einer beträchtlichen Gehaltserhöhung und weiteren finanziellen Vorteilen verbunden war. Die Freude von Ed und seiner Frau Rena über das große Glück dauerte etwa einen Monat. Dann begannen beide die Verluste zu spüren.

Sie sehnten sich nach ihrem Haus, ihren Freunden, nach der Familie und der vertrauten Umgebung. Rena sehnte sich sogar nach dem regnerischen Klima, dem sie zu entfliehen trachteten. Ihre neue Umgebung behagte ihnen nicht. Keine Kirche war so schön, wie ihre Kirche zu Hause. Die Leute in der Nachbarschaft kamen ihnen kalt und unfreundlich vor. Nach vor Ablauf von sechs Monaten sprachen Rena und Ed davon, ihre Sachen zu packen und zu Eds früherem Arbeitsplatz zurückzukehren, zu weniger Geld und dem schlechten Wetter.

Das Problem dabei ist, selbst wenn sie ›heimkehren‹, wird es nicht mehr so sein wie früher. Ihr Traum von einem neuen Leben ist verlorengegangen. Ihr Selbstwert hat gelitten.

Wie immer die Entscheidung ausfällt, sie bringt ein Gefühl von Verlust mit sich. Ob dieses Ehepaar in ihrem neuen Haus glücklich wird oder in der alten Umgebung, hängt davon ab, wie gut sie mit ihren Verlusten umzugehen lernen.

Der Begriff, der das bezeichnet, was diese Menschen erleben, heißt *Trauer*. Er beschreibt auch die Erfahrung von Scotty, Jo und Randy, schildert Ihre Erfahrung und meine. *Jeder* Verlust ist mit Trauer verbunden.

Trauer ist die natürliche Reaktion auf Verluste, ob wir ein Haustier verlieren, einen Traum, den Arbeitsplatz, eine Ehe, ob eine Lebensphase beendet ist, ob wir unsere Gesundheit, eine vertraute Umgebung, unsere Selbstachtung, eine Liebesaffäre oder die finanzielle Sicherheit verlieren — jede erdenkliche Verlusterfahrung ist mit Trauer verbunden.

Trauer ist kein schlimmes Wort! Sie ist auch kein Zeichen von Schwäche oder unseres fehlenden Glaubens an Gott. Wir müssen uns auch nicht wegen unserer Trauer schämen. Trauer empfinden ist nicht schlechter als Freude empfinden. Natürlich macht es mehr Spaß, Freude zu empfinden – aber es ist nicht besser. Wir sollten stets die Empfindungen zulassen, die zu den Umständen und Gegebenheiten unseres Lebens passen.

- *Wenn etwas Gutes oder Angenehmes geschieht, ist es richtig, sich darüber zu freuen.*
- *Wenn Sie einen Verlust erlitten haben, ist es gleichermaßen richtig, Trauer zu empfinden.*

Wenn ein lieber Mensch stirbt oder Sie einen anderen großen Verlust erlitten haben, begegnen wohlmeinende Freunde Ihnen mit Respekt und Anerkennung, wenn Sie Ihre Trauer in der Gegenwart anderer verbergen. Wenn Sie auch nach dem schlimmsten Verlust in Ihrem bisherigen Leben Ihre Tränen in der Öffentlichkeit zurückhalten, wird man Sie wegen Ihrer *Tapferkeit* und Ihrer Haltung bewundern. Das Problem dabei ist, daß die Unterdrückung von Tränen ein völlig unangemessenes Verhalten ist und zu chronischer Krankheit oder tiefer Depression führen kann. In Ihrem eigenen Interesse müssen Sie Ihre Trauer zulassen, um den schweren Verlust verkraften zu können.

In Umfragen wurde die Frage gestellt: »Wie lange soll die Trauer um einen geliebten Menschen dauern?« Die am häufigsten genannte Antwort lautete, die Trauer soll nach 48 Stunden bis zwei Wochen abgeschlossen sein!

Eine Untersuchung von Dr. Glen Davidson, einem der Vorreiter auf dem Gebiet der Erforschung von Verlustprozessen kam zu dem Ergebnis, daß die meisten Menschen wenigstens zwei Jahre brauchen, bevor sie nach einem großen Verlust zu einem normalen Leben zurückfinden.

Auch eine Festsetzung von zwei Jahren als angemessene Trauerzeit scheint mir gefährlich. Yogi Berra, ein prominenter amerikanischer Baseballspieler und Manager seines Vereins sagte einmal, ein Baseballspiel »ist dann zu Ende, wenn es zu Ende ist«.

Das gilt auch für den Trauerprozeß nach einem schmerzlichen Verlust. Er ist vorbei, wenn er vorbei ist. Ich höre oft die Worte: »Ich bin so erleichtert zu erfahren, daß auch andere noch nicht alles verarbeitet haben! Ich dachte, ich sei die einzige, die ihren Verlust nicht richtig überwunden hat.«

Wenn es um Leid und Kummer geht, gibt es wenige Vernunftgründe. Verlust kann eine verheerende Erfahrung sein. Das letzte, was wir in dieser Zeit brauchen, ist Schuldbewußtsein, weil wir glauben, auf unseren Verlust nicht *richtig* zu reagieren!

Wenn Sie einen Verlust nach zwei, drei oder vier Jahren noch nicht überwunden haben, liegt ein Grund vor! Ihr Trauerprozeß ist noch nicht abgeschlossen. Es ist kein Zeichen von Schwäche und macht Sie nicht zu einem minderwertigen Menschen. Es bedeutet lediglich, daß Sie mehr Arbeit zu leisten haben. Sie müssen sich nicht schämen, wenn Sie Hilfe von außen in Anspruch nehmen.

Auch wenn ein Trauerprozeß erstaunlich lange dauert, ist das weder negativ noch krankhaft. Denken Sie daran, die Tiefe Ihrer Trauer bedeutet, daß Ihr Verlust für Sie von großer Bedeutung war. Die Traurigkeit und Leere, die Sie empfinden, sind normale Reaktionen.

Earl Grollman, ein international anerkannter Berater in Fragen über das Sterben und den Tod sagte einmal, der Verlust eines geliebten Menschen sei die größte Belastung *aller* Veränderungen im Leben.

»Sie sehen in den Spiegel und Ihre eigenen Gesichtszüge erscheinen Ihnen fremd. Etwas in Ihnen ist fortgegangen, das nie wieder zurückkehren wird.«

Ihr Schmerz ist ein Beweis Ihrer Zuneigung und ein Tribut an die Bedeutung des Verlorenen. Ich rate Ihnen, Ihre Trauer wie eine Ehrenauszeichnung zu tragen. Wenn ein geliebter Mensch stirbt, ist Ihre Trauer ein letzter Akt der Liebe (und vielleicht der tiefste Akt der Liebe), den Sie ihm geben können.

Ähnlich verhält es sich mit dem Schmerz, den Sie verspüren, wenn Ihre Ehe mit Scheidung endet. Nicht alles an einer Ehegemeinschaft ist schlecht. Auch in einer schlechten Ehe gab es

Zeiten, die gut und schön waren. Darum lohnt es sich zu trauern. Und wenn es nur Ihre zerstörten Träume sind, über die Sie Tränen vergießen.

Die bloße Tatsache, geschieden zu sein, kann an sich ein großer Verlust sein. Nancy gestand mir: »Ich glaube, mich bekümmert die Tatsache, daß ich jetzt eine geschiedene Frau bin. Das ist ein Stempel, den ich nie haben wollte.«

Wir müssen uns auch nicht unserer Verbundenheit zu einem vertrauten Ort schämen und dürfen darum trauern, wenn wir ihn verlassen müssen.

Auch weniger bedeutende Verluste in unserem Leben nisten sich in den Winkel unseres Gedächtnisses und unserer Emotionen ein, stauen sich auf, bis sie genügend Kraft haben, um sich bemerkbar zu machen.

Haben Sie schon einmal auf eine kleine Enttäuschung zu heftig reagiert? Kennen Sie Zeiten, in denen Sie gereizt und aufbrausend sind, ohne zu wissen warum? Solches Verhalten entsteht meist dann, wenn eine relativ geringfügige Verlusterfahrung die aufgestaute Energie mehrerer verdrängter Verluste aus der Vergangenheit zum Vorschein bringt.

Über unserer Wüstenstadt brauen sich an Sommernachmittagen oft Gewitterwolken zusammen. Meist wird daraus nicht mehr als eine etwas erhöhte Luftfeuchtigkeit und das Aufkommen einer leichten Brise. Doch gelegentlich steigert sich der Wind zu einem heftigen Sandsturm und danach prasselt der Regen hernieder. Voraussetzung für das Entstehen eines Gewitters ist die Ansammlung ausreichender Luftmassen mit nachfolgender Entladung im Innern der Gewitterwolken.

Unser Aufstauen von Verlusterfahrungen ist damit vergleichbar. Wir drängen Gefühle solange in den Hintergrund, bis ein Ereignis den Auslöser für alle unsere aufgestauten Gefühle bildet. Deshalb dürfen wir nicht erstaunt sein, wenn wir uns gelegentlich die Augen ausweinen über eine scheinbar geringfügige Enttäuschung.

Norman Cousins sagte einmal: »Der Tod ist nicht der Feind. Ein Leben in ständiger Angst vor dem Tod ist der Feind.« Ich möchte diese Bemerkung abändern in: *Verlust ist nicht unser Feind. Ein Leben in ständiger Angst vor dem Verlust ist unser Feind.*

Wenn wir Trauer als normale Reaktion auf einen Verlust akzeptieren, können wir diese Emotion freimütig zulassen, ohne ein Gefühl von Schuld oder Schwäche haben zu müssen.

Trauer ist nichts Verbotenes, wir können getrost die Mauer des Schweigens einreißen – und damit den ersten Schritt zur Entdeckung eines erfüllten Lebens nach einem Verlust tun!

Wenn wir unsere feindliche Einstellung zur Trauer ablegen, können wir uns mit der Zeit sogar mit ihr anfreunden.

Kapitel 2

Das Gleichgewicht wiederfinden
Wie Sie wieder auf die Beine kommen

Nach einem großen Verlust brauchen Sie eine gewisse Zeit, um sich von Ihrem Schmerz zu erholen. Das bedeutet jedoch nicht, daß Ihre Trauer eine Krankheit ist. Sich von einem Verlust erholen ist nicht dasselbe, wie sich von einer Erkältung zu erholen. Es hilft nichts, zwei Aspirin zu nehmen, sich ins Bett zu legen und darauf zu warten, daß der Schmerz vergeht.

Manche Menschen versuchen, ihrem Schmerz mit Medikamenten beizukommen. Das funktioniert nicht. Ich gebe zu, der Gedanke scheint verlockend zu sein. Ihr Hausarzt wird Ihnen gern Beruhigungspillen verschreiben, um Ihren Schmerz zu lindern. Aber das hilft in den wenigsten Fällen. Tabletten schaden meist mehr, als sie nutzen. Sie benebeln Ihren Kopf, sorgen für Verwirrung und verhindern, daß Sie an Ihrer Verlusterfahrung wachsen können. Medikamenteneinnahme ist nur in Fällen starker Depression oder bei Angstzuständen zu empfehlen. Dann ist meist eine Kombination aus sorgfältig abgewogener Medikation und Psychotherapie angebracht und notwendig.

Um mit einem Verlust fertig zu werden, müssen Sie sich ihm direkt stellen. Eine Konfrontation ist aber nicht möglich, wenn Sie unter der Wirkung betäubender Medikamente stehen.

Ihr Zustand ist damit zu vergleichen, daß Sie Ihr Gleichgewicht wiederfinden, nachdem Sie von einem Fausthieb zu Boden gegangen sind. Wenn Sie einen großen Verlust erleiden, etwa einen Todesfall in der Familie, eine Scheidung oder einen Ortswechsel, kommen Sie sich vor, als seien Sie von einem Lastwagen angefahren worden. Sie sind davon emotional, körperlich und seelisch betroffen. Ehe Sie wieder ein erfülltes Leben in Angriff nehmen können, müssen Sie Ihr inneres Gleichgewicht wiederfinden.

Nach dem Tod eines geliebten Menschen sagen die Hinterbliebenen mir oft: »Ich bin am Boden zerstört«, oder: »Mir ist der Boden unter den Füßen weggezogen.« Das sind keine Übertreibungen. Es sind lebhafte Beschreibungen unserer Gefühle. Das Leben scheint zu zerbrechen. Wir verlieren die Orientierung und haben Gedächtnislücken. Oft höre ich, wie schwer es den Trauernden fällt, sich wieder im Beruf zurechtzufinden oder zur Kirche zu gehen.

Oft leiden Familienbeziehungen auf dramatische Weise unter einem Verlust:

- *Eine Scheidung spaltet die Familienmitglieder in zwei Parteien.*
- *Nach dem Tod eines Kindes kämpfen Eltern mit ihren Gefühlen zu ihren anderen Kindern.*
- *Der Tod eines Ehepartners gibt dem Hinterbliebenen das Gefühl, daß kein anderes Mitglied der Familie wirklich zählt – oder wirklich Anteil nimmt.*

Linda sprach mit ihrem Ehemann bei einem Abendspaziergang über ihre gemeinsamen Pläne nach seiner Pensionierung, obgleich diese erst in zehn Jahren zu erwarten war. Am nächsten Morgen erwachte sie vom Röcheln ihres Mannes, der nach Luft rang. Er starb eine Stunde nach Einlieferung in die Klinik, ohne das Bewußtsein wieder erlangt zu haben.

Linda beschrieb ihre Reaktion auf seinen Tod: »Mir war, als habe man mir einen Schlauch durch die Luftröhre in die Brust eingeführt und damit mein Herz und meine Gefühle eingefroren. Ich habe erst nach der Beerdigung geweint. Anfangs spürte ich keine besondere Trauer. Ich habe überhaupt nichts gespürt. Ich habe meine Alltagsaufgaben erledigt wie ein Zombie. Innerlich war ich so tot wie mein Mann.«

Andere Menschen reagieren mit Hysterie. Mary fuhr die Kinder aus der Nachbarschaft zur Eisdiele. Irgendwann unterwegs erstickte ihr eigenes zweijähriges Kind auf dem Rücksitz. Sie bemerkte es erst, als sie an der Eisdiele ankamen.

Am Tag der Beerdigung erhielt ich einen Anruf der Familie, Mary ringe nach Luft; wenn sie normal atmen könne, beginne

24

sie hysterisch zu schreien, bis sie wieder keine Luft mehr bekäme. Ich suchte die Familie auf und bat alle bis auf Mary, das Zimmer zu verlassen.

Allein mit ihr sagte ich, daß ich verstehe, wie grausam dieser Verlust für sie sein müsse und sie begreiflicherweise Schuldgefühle habe. Ich sagte: »Mary, Sie dürfen auf dieses furchtbare Unglück in der Art reagieren, nach der Ihnen zumute ist. Es ist in Ordnung, wenn Sie schreien, sich übergeben, in die Hose machen – alles, was Ihnen hilft, um das Begräbnis heute nachmittag zu überstehen. Ich bleibe bei Ihnen und versuche Ihnen Halt zu geben, und Ihre Familie ist bei Ihnen und beschützt Sie.«

Sie sah mir lange in die Augen, dann warf sie ihre Arme um meinen Hals und schluchzte, diesmal nicht in Hysterie, sondern in tiefem Schmerz, der dem Verlust ihres Kindes absolut angemessen war.

Später konnte sie sich nicht daran erinnern, die Kontrolle verloren zu haben. Sie wußte nur noch, daß sie sich nach meinem Besuch besser fühlte.

Es ist nicht besser oder schlechter, in Erstarrung zu verfallen oder laut zu schreien. Die Reaktionen von Mary und Linda auf ihren jeweiligen schmerzlichen Verlust sind in Ordnung. Jede reagierte auf ihre Weise, um ihre aufgewühlten Emotionen zum Ausdruck zu bringen. Ohne sich dessen bewußt zu sein, war dies für beide der Anfang zur Bewältigung ihres Schmerzes.

In den ersten Tagen oder Wochen nach einem Verlust ist es auch egal, ob Sie ihn duldsam hinnehmen oder voll Bitterkeit sind. Ihre anfängliche Reaktion läßt sich nicht steuern – wie ein Niesen sich nicht unterdrücken läßt. Es ist jedoch nützlich zu wissen, daß diese Gefühle zeitlich begrenzt sind.

Ihre Reaktionen auf einen großen Verlust in Ihrem Leben lassen sich nicht vorhersagen. Sie sind aus der Bahn geworfen. Ihnen ist zumute, als seien die Grundmauern Ihres Lebens eingestürzt. Machen Sie sich darauf gefaßt, daß es eine geraume Zeit dauert, bis Sie Ihr Gleichgewicht wiedergefunden haben.

Rufen Sie sich einige Verluste in Ihrem Leben ins Gedächtnis zurück:

- *Erinnern Sie sich daran, daß diese Erfahrung Ihnen das Gefühl gab, nicht mehr vollständig zu sein.*
- *Schreiben Sie einige der Gefühle nieder, die Sie damals empfanden. Die Wortliste der Gefühle in Anhang A hilft Ihnen, diese zu beschreiben.*
- *Mit wem haben Sie über diese Gefühle gesprochen?*

Wie die meisten Menschen, haben vermutlich auch Sie viele Ihrer Gedanken und Gefühle für sich behalten.

Trauer und Verlust sind Erfahrungen, über die wir längst nicht genug gesprochen haben. Genau dieses Stillschweigen macht die Aufgabe, uns von Verlusten zu erholen, so schwierig. Oft halten wir eine völlig normale Reaktion für falsch.

»Heißt das, anderen ergeht es auch so? Ich dachte, ich werde verrückt!« Das ist der Satz, den ich von Teilnehmern an Selbsthilfegruppen am häufigsten höre. In Wahrheit werden nur sehr wenige Menschen in ihrer Trauerarbeit ver-rückt, aber fast jeder tut verrückte Dinge. Wenn ein geliebter Mensch stirbt (oder auch ein geliebtes Haustier), müssen Sie oft mit Problemen der inneren Stabilität, Ihrer Selbstachtung und gegen Ihre Depression kämpfen. Sie tun und denken Dinge, die Ihnen und den Menschen Ihrer Umgebung seltsam erscheinen mögen.

Vergeßlichkeit

Üblicherweise ist der Überlebende nach dem Tod des Lebenspartners in den ersten drei bis vier Monaten vergeßlich. In den Selbsthilfegruppen raten mir Witwen immer wieder, ihren Leidensgenossinnen zu sagen, einen zweiten Autoschlüssel in einer Magnetbox unter dem Kotflügel zu deponieren. Sie empfehlen auch, einen zweiten Hausschlüssel bei einem vertrauensvollen Nachbarn zu hinterlegen. Schreiben Sie auch bekannte Telefonnummern auf und tragen das Verzeichnis bei sich.

In jeder Trauer-Selbsthilfegruppe kommt das Gespräch auf unsere Vergeßlichkeit und wir können sogar darüber lachen. O ja, ich bin davon nicht ausgenommen! Als wir in einen anderen

Bundesstaat umzogen, ließ ich meine Autoschlüssel viermal in sechs Monaten im verschlossenen Wagen stecken!

Sie glauben, die einfachsten Alltagsaufgaben nicht bewältigen zu können. Dazu kann ich nur sagen: »Willkommen im Club.« Die Sekretärin Sue tippte mühelos und fehlerfrei 80 Worte in der Minute. Einen Monat nach ihrer Scheidung jammerte sie, sie könne nicht einmal ihren Namen fehlerlos tippen. Ich rate Ihnen, sich in dieser Zeit für alles Notizzettel zu schreiben – vom Lichtschalter bis zum Gasherd.

In Ihrem Organismus findet etwas statt, das dem emotionalen Äquivalent einer elektrischen Überladung entspricht. Das ist keine schlimme Sache, sondern ein wichtiger Schritt im Prozeß, Ihr Gleichgewicht wiederzufinden. Das, was jetzt mit Ihnen geschieht, gehört zu diesem Prozeß. Je mehr Sie diese Phänomene und ihre Bedeutung verstehen, desto weniger Angst machen Sie Ihnen.

Ich bitte Sie nun, folgende Sätze auf ein Blatt Papier zu schreiben, das Sie an der Tür Ihres Kühlschrankes befestigen:

● *Was ich tue, ist in Ordnung. Meine Trauer richtet keinen Schaden bei mir an.*
● *Ich schaffe es, wie andere es auch geschafft haben.*
● *Mein Gefühlszustand dauert nicht ewig.*

Das, was geschieht, ist ein Zeichen, daß Sie sich auf dem Weg der Besserung befinden. Sie brechen nicht auseinander. Sie finden zu sich.

Sie werden sich nicht immer so fühlen. Sie werden durch Ihre Trauerarbeit wachsen.

Das Gleichgewicht nach einem schweren Verlust wiederzufinden vollzieht sich nach einem vorhersehbaren Muster. Diese Erkenntnis ist wichtig. Sie werden allerdings nicht vom Tiefgeschoß Ihrer Trauer mit einem Lift ins Penthouse der Lebensfreude befördert. Sie steigen auch nicht eine breite Treppe mit einem Handlauf zum Festhalten hinauf.

Der Trauerprozeß gleicht zeitweise eher einem hoffnungslosen Irrgarten ohne Ausgang. Oder Sie kommen sich vor, als würden Sie in einer rasenden Achterbahnfahrt bergauf und bergab geschleudert.

Tränen

Während Ihrer Reise durch Ihren Trauerprozeß vergießen Sie vermutlich mehr Tränen, als Sie Ihrem Körper zutrauen würden. Vier Monate nach dem Tod ihres Ehemanns sagte eine Witwe: »Jetzt begreife ich, daß der menschliche Körper vorwiegend aus Wasser besteht. Mit den Tränen, die ich vergossen habe, könnte man einen Swimming-Pool füllen!«

Tränen sind ein gutes Zeichen. In meinem Büro hängt ein Schild an der Wand: »Menschen und Tränen sind mir willkommen.« Auf meinem Schreibtisch liegt immer gut sichtbar eine volle Packung Papiertaschentücher. Wenn jemand mich aufsucht, um über eine Trennung zu sprechen oder über den Tod eines Partners, oder über ein Kind, das das Elternhaus verlassen hat, wünsche ich mir, daß der oder die Betreffende sich ohne Zwang ausweinen kann.

Wenn Sie vor drei Monaten oder vor einem Jahr einen schmerzlichen Verlust erlitten haben, müssen Sie weinen. Das gilt für Männer ebenso wie für Frauen. Die meisten Männer sind mit dem Klischee aufgewachsen: »Große Jungen weinen nicht!« Man kann einem Kind kaum eine falschere Information auf den Lebensweg mitgeben. Weinen ist ein gesunder Vorgang. Studien haben erwiesen, daß Tränen der Trauer eine andere chemische Zusammensetzung haben als Freudentränen. Tränen der Trauer setzen Substanzen frei, die eine beruhigende Wirkung haben. Es ist keine bloße Redensart, daß man sich nach heftigem Tränenfluß besser fühlt. Tränen sind ein Zeichen dafür, daß der Gesundungsprozeß eingesetzt hat.

Jack kam wenige Monate nach dem Tod seiner Frau zu mir. Seit ihrem Tod war er nicht mehr zur Kirche gegangen. Zu Lebzeiten seiner Frau hatte das Paar kaum einen Sonntagsgottesdienst versäumt. Er sei mehrmals vor der Kirchentür gestanden, sagte Jack, habe es aber nicht über sich gebracht, einzutreten. Jedesmal habe er an Helen an seiner Seite gedacht, ihre Stimme beim Singen der Kirchenlieder gehört und dabei seien ihm die Tränen hochgestiegen. Und jedesmal machte er kehrt, ging nach Hause. Er wollte ›seine Schwäche‹ nicht in der Öffentlichkeit zeigen.

Im Gespräch mit ihm kam heraus, daß er schlecht schlief und sich unregelmäßig ernährte. Außerdem hatte er gelegentlich Schmerzen in der Brust und litt an Kurzatmigkeit.

Ich erklärte Jack, daß er sich selber schade, wenn er sich weigere, seine Tränen zuzulassen, und er sich damit blockiere, Helens Verlust zu bewältigen. Auch auf die Gefahr hin, kalt zu erscheinen, warf ich ihm vor, sein Stolz halte ihn davon ab, zur Kirche zu gehen, und sein Mangel an Vertrauen in die Kirchengemeinde verhindere, sich seiner Trauer wirklich zu stellen.

Ich sagte ihm, unser ›Tränenkabinett‹ hinter der Sakristei sei nicht nur für Eltern mit weinenden Babies da, sondern auch für Erwachsene, die ihre Tränen nicht gern in der Öffentlichkeit zeigten. Ich schlug ihm vor, sich unserer Trauer-Selbsthilfegruppe anzuschließen, wo er sich mit Leidensgenossen aussprechen und ausweinen konnte. Jack nahm sich meine beiden Vorschläge zu Herzen.

Nach wenigen Wochen kam er aus dem ›Tränenkabinett‹ und nahm mit der übrigen Gemeinde am Gottesdienst teil. Er konnte wieder besser schlafen und ernährte sich sinnvoller. Sein Gesundheitszustand normalisierte sich.

Auch Sie können mit Ihren Verlusten und Ihrer Trauer besser umgehen, wenn Sie sich darüber klar werden, was auf Sie zukommt und was Sie von sich zu erwarten haben. Prägen Sie sich folgende Punkte ein:

- *Tränen sind ein Zeichen des Heilungsprozesses, nicht der Schwäche.*
- *Sie sind mit Ihren Gefühlen nicht allein.*
- *Trauerarbeit dauert ihre Zeit.*
- *Sie durchwandern verschiedene Phasen der Genesung.*
- *Es gibt sichtbare Zeichen Ihres Fortschritts.*

Jeder Verlust bringt unser Leben in Unordnung. Nicht nur ein großer Verlust, etwa ein Todesfall, bringt uns aus dem Gleichgewicht. Verluste wie Scheidung, Ortswechsel, finanzielle Verluste, Kinder, die das Elternhaus verlassen und Krankheit sind nur einige von vielen Erfahrungen, die einschneidende Wirkungen auf uns haben.

Solche Erfahrungen muß jeder Mensch machen. Sie erschüttern uns zutiefst. Wir müssen unsere Fassung wiederfinden, bevor unser Leben sich normalisieren kann. Dieser Gesundungsprozeß erfordert Zeit, Aufmerksamkeit und Arbeit.

Wenn Sie sich nicht die Zeit nehmen, Ihrer Trauer keine Aufmerksamkeit widmen und nicht an ihr arbeiten, wird Ihr Leben nach einem schmerzlichen Verlust nie wieder so erfüllt sein, wie es sein könnte.

Kapitel 3

Schritte zur Besserung

Der Weg in die Genesung

Die Genesung umfaßt vier Schritte. Diese Schritte werden in einer Zeitspanne vollzogen, die zwischen einigen Monaten und mehr als drei Jahren liegt. Manche Schritte scheinen automatisch getan zu werden – sie unterliegen nicht Ihrer Kontrolle. Andere erfordern große Willenskraft. Diese Schritte oder Phasen sind:

- *Schock und Betäubung*
- *Verdrängung und Rückzug*
- *Hinnehmen und Schmerz*
- *Anpassung und Erneuerung*

Wenn Sie diese Schritte verstehen, können Sie mit Ihrer Leidenszeit besser umgehen. Dieses Verständnis ermöglicht Ihrer Familie und Ihren Freunden, die Vorgänge besser zu begreifen und zu erkennen, welche Unterstützung Ihnen gegeben werden kann.

Schock und Betäubung

In den ersten sieben bis zehn Tagen nach einem großen Verlust fühlen Sie sich wie betäubt. Sie stehen unter Schock. Sie fühlen sich wie ›versteinert‹ oder leiden unter hysterischen Anfällen. Wie auch immer, Sie werden sich später nur verschwommen daran erinnern, was in dieser Zeit eigentlich geschehen ist.

Diese Reaktion beruht auf Reflexvorgängen, die Ihr gesamtes emotionales System abschalten. Welche Reaktionen Sie auch nach außen hin zeigen, Ihr Inneres ist erstarrt und betäubt.

Ich vergleiche diesen Zustand gern mit einem von Gott oder der Natur aufgelegtem Trostpflaster, das uns zunächst davor bewahrt, die volle Wirkung unseres Verlustes zu erfassen. Es ist eine kurze Verschnaufpause, bevor wir uns auf die lange beschwerliche Reise durch den Schmerz unserer Trauer zu wiedergewonnener Lebensfreude begeben.

Etliche Tage nach dem Tod eines geliebten Menschen, wenn die Beerdigung vorbei ist und die Verwandten abgereist sind, beginnt der Schock allmählich nachzulassen. Jetzt ist es wichtig, daß jemand in Ihrer Nähe ist. Es wäre der falsche Zeitpunkt, jetzt irgendwelche wichtigen Entscheidungen für die Zukunft zu treffen.

Wer wenige Wochen nach dem Tod eines geliebten Menschen dessen Kleidung und andere persönliche Dinge verschenkt, die gemeinsame Wohnung aufgibt oder einen Berufswechsel vornimmt, bereut solche Entscheidungen häufig später.

Im Falle einer Scheidung kommt der Schock entweder mit der Ankündigung des Ehepartners, sich scheiden zu lassen, oder erst bei der Gerichtsverhandlung.

Eines Tages rief mich mein langjähriger Freund Jim an. Es war ein Ferngespräch. Mit belegter Stimme sagte er: »Bob, Marge will sich scheiden lassen. Sie will nicht länger mit mir verheiratet sein! Ich sage mir immer wieder, das kann doch nicht sein, ich werde jede Minute aufwachen – ich kann es einfach nicht fassen!«

Nun war ich an der Reihe, mit Schock zu reagieren. Wir kannten Jim und Marge seit über 12 Jahren. Wir hatten so viel gemeinsam erlebt. Ich glaubte, die beiden so gut wie meine eigene Familie zu kennen. Nie im Leben wäre mir in den Sinn gekommen, die beiden könnten sich scheiden lassen.

Ich murmelte etwas davon, wie das geschehen konnte, aber ich kann mich nicht erinnern, was er mir zur Antwort gab. Ich dachte an unsere stundenlangen Gespräche in einer Berghütte über unsere Zukunftspläne – das sagenhafte Restaurant, das wir bis in jede Einzelheit geplant hatten; die Reisen, die wir vier gemeinsam unternehmen wollten; die Hochzeitsfeiern, die wir für unsere Kinder ausrichten wollten. Das alles würde nun nicht mehr geschehen. Tränen stiegen mir in die Augen.

Nachdem ich den Hörer aufgelegt hatte, saß ich noch lange da, eine halbe Stunde, vielleicht auch länger. Ich weiß es nicht. Endlich kam mir der Gedanke, meine Frau anzurufen, um ihr Bescheid zu sagen. Als ich sie am Hörer hatte, brachte ich die Worte kaum über die Lippen. Vermutlich habe ich an jenem Tag wie gewöhnlich meine Arbeit getan, aber es geschah alles mechanisch.

Zu dem Schock, unsere Freunde als Ehepaar zu verlieren, kam die Zerstörung unserer Zukunftsträume. Ich konnte diese Scheidung nicht als sachlicher Außenstehender sehen.

Bei Jim und Marge stellte sich der Schock ein, als sie sich der Realität ihrer verlorenen Träume stellen mußten. Die von beiden geliebten Kinder mußten getrennt aufwachsen. Es galt, Besitztum zu trennen. Freunde und Familie mußten in Kenntnis gesetzt werden. So hatten sie ihr Leben nicht geplant! Dazu kamen die unvermeidlichen Gefühle von Versagen, Zurückweisung, Wut und all die bösen Worte, die man sich an den Kopf warf.

Durch Jim und Marge erkannte ich, daß Schock und Trauer als Begleiterscheinungen einer Ehescheidung nicht weniger problematisch sind als der Schock, der einen Todesfall begleitet. Auch dieser Schock löst sich erst nach etwa einer Woche. Und es dauert ziemlich lange, bevor der Gesundungsprozeß abgeschlossen ist.

Der Schock, der uns trifft, wenn wir in eine fremde Stadt umziehen, stellt sich ein, wenn uns die Fremdheit unserer neuen Umgebung klar wird. Eines Tages betrat ein junges Ehepaar mit einem Baby völlig aufgelöst mein Büro. Sie waren vor wenigen Tagen in der Stadt angekommen. Alles schien in Ordnung zu sein. Sie hatten eine Wohnung gefunden. Der Ehemann sollte am Montag seine neue Arbeitsstelle antreten. Ihr Umzugsgut war unbeschädigt eingetroffen.

Doch an diesem Morgen war das Baby mit Fieber aufgewacht. Und plötzlich schlug der Schock zu. Sie wußten nicht, wo sie in dieser großen Stadt einen Arzt suchen sollten. Sie kamen aus einer Kleinstadt, in der jeder jeden kennt. Zu Hause redeten sie den Arzt, den Apotheker, den Briefträger und den Bürgermeister mit Vornamen an. Hier waren sie völlig fremd und total verloren.

Jede Verlusterfahrung ist mit einem gewissen Maß an Schock verbunden. Sie mögen ›kühl und gefaßt‹ die Vorbereitungen zu Ihrer bevorstehenden Operation über sich ergehen lassen – und geraten ›völlig aus der Fassung‹, wenn die Schwester kommt, um Sie in den Operationssaal zu bringen. Die Erkenntnis, daß ›es‹ wirklich passiert, kann auch für einen völlig ausgeglichenen Menschen ein Schockerlebnis sein.

Der Schock kann wenige Stunden bis mehrere Tage dauern, je nach Schwere Ihres Verlustes. Es ist wichtig, daß Sie folgende Punkte wissen:

- *Der Schock ist ein wichtiger erster Schritt im Heilungsprozeß.*
- *Er dauert nicht lang.*
- *Der Schockzustand ist der falsche Zeitpunkt, um langfristige Entscheidungen zu treffen.*
- *Es ist ratsam, jetzt einen guten Freund bei sich zu haben.*
- *Wenn der Schock sich legt, setzt der Schmerz ein.*

Verdrängung und Rückzug

Wenn der Schock sich legt, sind Sie vielleicht nicht bereit, sich der Realität Ihres Verlustes zu stellen. Sie versuchen das, was Ihnen zugestoßen ist, mit aller Kraft zu verdrängen.

Niemand kann den unendlich tiefen Schmerz beschreiben, den Sie empfinden, wenn ein geliebter Mensch stirbt. Nur wenn Sie diese Erfahrung persönlich gemacht haben, verstehen Sie. Wenn Sie noch keinen lieben Menschen durch den Tod verloren haben, denken Sie an einen anderen persönlichen Verlust, den Sie erleiden mußten. Für viele Menschen bedeutet der Tod eines Haustiers einen mit tiefer Trauer verbundenen großen Verlust. Wenn Sie sich eine solche Erfahrung ins Gedächtnis zurückrufen und sich Ihrer Gefühle in den folgenden Wochen erinnern, können Sie zumindest die Oberfläche tiefer Trauererfahrungen nachempfinden.

Vermutlich liegt Ihnen nichts daran, diese tiefen Erfahrungen zu machen. Wir denken kaum je daran, daß *unsere* Eltern,

Ehepartner oder Kinder eines Tages sterben – daß auch wir den Verlust geliebter Menschen erleben können.

Kein Mensch plant eine Scheidung, wenn er eine Ehe eingeht. Wenn wir einen Ortswechsel planen, denken wir an das Neue, das uns erwartet und nicht, daß wir einen Verlust erleiden.

Wir sind nicht bereit, Verluste als Teil unseres Lebens zu betrachten. Und wenn uns ein Verlust trifft, versuchen wir ihn zu verdrängen. Nach anfänglicher Abwehrreaktion findet unsere Verdrängung hauptsächlich im Unterbewußtsein statt.

Hier einige Anzeichen von Verdrängung und Rückzug, die Sie an sich beobachten können:

- *Schwäche und Antriebslosigkeit.*
- *Appetitlosigkeit.*
- *Schlafstörungen oder sich in Schlaf flüchten.*
- *Häufig trockener Mund.*
- *Körperliches Unbehagen und Schmerzen.*
- *Kein Interesse an Körperhygiene und Pflege.*
- *Phantasievorstellungen über den verstorbenen oder geschiedenen Partner.*
- *Sie erwarten, daß der verstorbene oder geschiedene Partner zurückkehrt.*
- *Wut.*
- *Unfähigkeit, Alltagsarbeiten zu erledigen.*

Das alles sind normale Verlustreaktionen. Sie erleben meist mehrere gleichzeitig. Und es ist gut möglich, daß Sie glauben, einige der Reaktionen überwunden zu haben, und plötzlich tauchen sie Wochen oder sogar Monate später wieder auf.

Wenn Sie wissen, daß Verdrängung und Rückzug nach einem Verlust zu erwarten sind, können Sie sich sagen: »Diese Reaktion ist normal. Sie ist ein Schritt auf dem Weg durch meine Trauer. Ich werde mich nicht immer so fühlen.« Ich habe erlebt, daß viele Menschen Kraft für ihre Trauerarbeit schöpften, nur weil sie diese Worte aussprachen.

Während dieses zweiten Schrittes der Trauerarbeit haben Sie möglicherweise Probleme mit Freunden und Familie. Auch die

Menschen, die Ihnen wirklich nahestehen, begreifen Ihre Trauer oft nicht besser als Sie selber; wissen nicht, was sie Ihnen sagen sollen. Manche werden Ihnen aus dem Weg gehen.

Und Sie fühlen sich vielleicht zu erschöpft, um andere um Hilfe zu bitten — zu erschöpft sogar, um zum Telefonhörer zu greifen. Sie wollen, daß andere auf Sie zukommen. Sie wollen mit Freunden, mit der Familie immer wieder über Ihren Verlust sprechen und werden davon abgehalten, darüber zu sprechen. Wenn Sie wissen, daß diese Konflikte normal sind, können Sie mehr Geduld mit sich und anderen aufbringen.

Wenn ein geliebter Mensch stirbt, richtet sich Ihr Zorn gegen den Arzt, die Klinik, den Priester oder gegen Gott. Sie haben den Eindruck, daß niemand begreift oder versteht. Sie geben sich selbst oder anderen die Schuld am Tod des geliebten Menschen.

Linda kam zwei Monate nach dem Tod ihres Ehemanns in unsere Trauer-Selbsthilfegruppe. Sie war voll Wut, machte alle Welt einschließlich sich selbst für seinen Tod verantwortlich. In einer Übung schrieb sie folgende Zeilen an sich selbst:

Liebe Linda,

Hast Du wirklich alles getan, um Earl zu helfen? Glaubst Du alles, was die Ärzte sagen? Weißt Du denn nicht, daß die meisten Ärzte ihren Beruf wegen des Geldes ausüben und nicht, weil sie anderen helfen wollen? Sie haben es sich mit Earl leicht gemacht. Ihnen ging es einzig und allein um die dreißig Silberlinge!

Findest Du nicht, Linda, daß Du mehr auf Earls Gesundheit hättest achten müssen? Statt mit ihm Spaziergänge zu machen, hättest Du ihn zum Herzspezialisten bringen müssen. Du behauptest, Du hättest nicht gewußt, daß mit ihm etwas nicht stimmte. Wieso wußtest Du das nicht? Wenn Du dich ein wenig mehr um ihn gekümmert hättest, hätten mein Partner Tod und ich Dir keinen Besuch abstatten müssen.

Mit freundlichem Gruß,
Deine Trauer

Haß und Schuldzuweisung in Lindas ›Brief‹ mögen unbegründet sein, doch in diesem Stadium der Reise zu einem gesunden Leben ist die Trauer kaum vernunftbetont. Lesen Sie den Brief noch einmal und denken Sie dabei an einen eigenen schmerzlichen Verlust, den Sie erlitten haben. Verändern Sie Namen und passen die Umstände Ihrem Fall an. Überlegen Sie, ob Linda Bitterkeit und Qualen zum Ausdruck bringt, die auch Sie empfunden haben. Nehmen Sie zur Kenntnis, daß solche Reaktionen ein Zeichen von Verdrängung des Verlustes sind. Sie stellen den Versuch dar, sich gegen den Schmerz zur Wehr zu setzen. Daran ist nichts auszusetzen. In den ersten Monaten nach einem großen Verlust ist das vielleicht sogar eine notwendige Reaktion.

Die Zeichen der Verdrängung müssen erkannt und als Bestandteil Ihrer Trauer verstanden werden. Dies ist eine schwierige Phase des Heilprozesses, weil Sie jetzt am wenigsten um die Hilfe bitten können, die Sie so dringend brauchen. Andere sind am wenigsten fähig, Hilfe zu geben, jetzt da Sie Hilfe am dringendsten brauchen. Je mehr Sie wissen, was Sie zu erwarten haben, desto weniger isoliert und hilflos werden Sie sich fühlen.

Hinnehmen und Schmerz

Die Psychologie nennt das ›Akzeptanz und Schmerz‹. Ich bezeichne diesen Schritt nicht als ›Akzeptanz‹, nachdem Ann zu unserer Trauer-Selbsthilfegruppe kam, als ihr Mann im Schlaf erstickte. Ich sprach über das Akzeptieren unserer Verluste, als Ann mich unterbrach: »Bob, der Begriff Akzeptanz unterstellt in gewisser Weise, daß ich damit einverstanden bin. Ich werde jedoch niemals mit dem Tod meines Mannes einverstanden sein. Ich bin bereit *hinzunehmen,* daß er tot ist und nie wieder zurückkehrt, aber ich weigere mich, seinen Tod zu akzeptieren oder damit einverstanden zu sein!« Die Teilnehmer aller Gruppen, mit denen ich seither darüber gesprochen habe, stimmen mit Ann überein.

Ihren Verlust hinzunehmen ist der wichtigste Schritt zu Ihrer

Gesundung. Damit nehmen Sie Ihr Leben wieder ganz in die Hand und übernehmen die volle Verantwortung für Ihre Gefühle.

Ihr Leben kommt wieder sichtlich ins Gleichgewicht, wenn Sie anerkennen, daß Ihr Verlust Wirklichkeit – und unabänderlich ist.

Ihren Verlust hinzunehmen kann jedoch extremen emotionalen Schmerz bedeuten. Aus diesem Grund ist es keineswegs ungewöhnlich, wenn Sie gelegentlich in die Phase der Verdrängung und Abwehr zurückfallen.

Wenn Sie einen Verlust durch Tod oder Scheidung erlitten haben, werden Sie diesen Verlust voraussichtlich in drei bis sechs Monaten hingenommen haben. Dauer diese Zeitspanne aber ein Jahr oder länger, sind Sie kein Einzelfall. Es bedeutet auch nicht, daß Sie schlechter damit umgehen als andere.

Rae kam 18 Monate nach dem Tod ihres Ehemannes zu unserer Gruppe. Auf die Frage, warum sie sich so spät dazu entschlossen habe, antwortete sie: »Ich dachte, ich hätte es überstanden. Ich habe das Begräbnis gut verkraftet und begann kurz darauf wieder zu arbeiten. Ich fühlte mich zwar manchmal einsam, besonders abends. Aber im großen und ganzen kam ich ganz gut damit zurecht. Seit einem Monat fange ich irgendwie wieder ganz von vorne an. Beim ersten Mal habe ich nicht geweint, aber jetzt weine ich die ganze Zeit.«

›Beim ersten Mal‹ war Rae nicht bereit, den Tod ihres Mannes hinzunehmen. Dazu war sie erst jetzt bereit. Für Rae war es wichtig zu erkennen, daß sie nicht wieder von vorne anfing, sondern Fortschritte machte, weil sie jetzt weinen konnte. Es ging ihr jetzt nicht schlechter als vor 18 Monaten, es ging ihr besser. Sie war bereit, Fortschritte zu machen und die stellten sich in den folgenden Monaten prompt ein.

Wenn Sie nie einen wichtigen Verlust in Ihrem Leben erlitten haben, können Sie möglicherweise die Qualen nicht verstehen, die das Hinnehmen eines solchen Verlustes mit sich bringt.

Meine Frau June hat schwere Operationen hinter sich. Ich nicht. Ich weiß nichts über die Schmerzen nach einer Operation und dem damit verbundenen Gefühl des Verlustes. Für June wäre eine bevorstehende neuerliche Operation etwas völlig anderes als für mich.

Trauer ist damit zu vergleichen. Meiner ersten Gruppe Verwitweter mußte ich gestehen: »Sie sind die Experten. Ich bin Amateur. Meine Eltern sind tot, mein Schwager starb mit 60, ich bin in eine fremde Stadt gezogen und alle meine Kinder haben das Elternhaus verlassen. Diese Verluste kann ich nachvollziehen. Aber die mit dem Tod eines Ehepartners verbundenen Gefühle sind mir fremd, und ich habe keineswegs den Wunsch, sie kennenzulernen! Sie müssen mir von dieser Erfahrung berichten und ich versuche, Sie zu verstehen.«

Um Ihren eigenen Verlust hinnehmen zu können, ist es hilfreich, daran zu denken, daß andere Ihre Schmerzen und Qualen nicht nachvollziehen können. Sie wissen nicht, wie schwer es Ihnen fällt, sich der Realität dessen, was immer Ihnen zugestoßen ist, zu stellen.

Es ist nicht leicht, sagen zu müssen: »Ich bin geschieden«, oder: »Mein Kind ist gestorben«, oder »Dieses Kapitel meines Lebens ist abgeschlossen.« Das tut weh! Aber es wird nicht ewig weh tun. Emotionaler Schmerz ist ein weiteres Zeichen des Fortschritts auf dem Weg zu einem erfüllten Leben. An diesem Punkt Ihres Heilungsprozesses ist es wichtig, sich immer wieder vor Augen zu führen, daß Ihr derzeitiger Gefühlszustand nicht ewig andauert.

Sie werden versucht sein, erneut zu verdrängen. Damit verschaffen Sie sich vorübergehend ein besseres Gefühl. Doch der einzige Weg zu innerem Gleichgewicht und zu Ganzheit führt durch den Schmerz und die Hinnahme hindurch.

Jetzt kann eine Selbsthilfegruppe oder eine psychologische Beratung von großem Nutzen sein. Die Menschen Ihrer Umgebung fragen Sie: »Wie geht es dir?« und erwarten als Antwort: »Gut«, ungeachtet Ihrer wahren Gefühle. Wenn es Ihnen schlecht geht und Sie die Wahrheit sagen, werden viele Menschen Ihre Worte einfach überhören, als hätten Sie nichts gesagt.

Ein Berater oder eine Selbsthilfegruppe gibt Ihnen Gelegenheit, offen zu sprechen, und die Gewißheit, verstanden zu werden. Es gibt kaum etwas, das Sie im Augenblick dringender brauchen. Da dieses Vorgehen oft langwierig ist, ist es unbedingt erforderlich, daß Sie dabei von Menschen, die Ihnen starken Rückhalt geben, begleitet werden.

Sie leiden nicht ein ganzes Jahr furchtbare Qualen und wachen eines Morgens auf, und Ihr Schmerz ist verschwunden. Der Weg durch die Trauerarbeit ist nie geradlinig, er ist steinig und beschwerlich. Menschen, die den Weg gegangen sind, versichern uns, daß langsam aber sicher die Zahl der guten Tage die Zahl der schlechten überwiegt.

Anpassung und Erneuerung

Das erste Anzeichen, daß der schwerste Teil Ihres Trauerprozesses vorüber ist, ist eine Veränderung der Fragen, die Sie stellen. Die hartnäckigste und qualvollste Frage seit Ihrem Verlust lautet »*Warum gerade mir?*« Doch der Tag wird kommen, oft ein Jahr oder länger nach dem Verlust, an dem Sie sich eine neue Frage stellen. Diese Frage lautet: »Wie kann ich diesen Schicksalsschlag überwinden und an ihm wachsen?«

Wenn Sie aufhören zu fragen ›Warum?‹ und statt dessen Ihre Frage mit ›Wie?‹ beginnen, fangen Sie an, Ihr neues Leben, ohne den Menschen, den Ort, den Umstand, den Sie verloren haben, zu gestalten und sich den neuen Gegebenheiten anzupassen.

›Warum‹-Fragen

Fragen, die mit ›Warum?‹ beginnen, spiegeln Ihren verzweifelten Wunsch wider, die Bedeutung und den Sinn Ihres Verlustes zu erfassen. Ihre Gedanken kreisen um die Ungerechtigkeit des Schicksals, das ausgerechnet Sie getroffen hat. Sie glauben mit Sicherheit, daß es einen Grund dafür geben muß.

Warum mußte ausgerechnet mein Mann sterben, der ein so guter Mensch war, und andere leben weiter, ohne sich um ihre Familie zu kümmern?

Warum liebt meine Frau einen anderen Mann? Ich war immer gut zu ihr und habe ihr jeden Wunsch erfüllt.

Warum mußten wir bloß in dieses gottverlassene Nest ziehen?

›Wie‹-Fragen

Fragen, die mit einem ›Wie?‹ beginnen, bringen unsere Suche nach Wegen zu einem erfüllten Leben nach einem Verlust zum Ausdruck. Diese Fragen beschäftigen sich mit Themen wie:

Wie kann ich die Leere in meinem Leben ausfüllen, die der Tod meiner Frau hinterlassen hat?

Wie kann ich aus meiner Scheidung lernen, damit ich die gleichen Fehler nicht noch einmal begehe?

Wie können wir in unserer neuen Stadt Freunde finden, damit es uns hier besser gefällt?

Es fällt uns schwer zu begreifen, daß manche Dinge, etwa ein tragischer Todesfall, ohne Grund geschehen. Wir wollen nicht wahrhaben, daß vieles dem ›Zufall‹ überlassen ist, daß wir nicht in einer vollkommenen Welt mit einem vollkommenen Lebensszenarium leben. Wenn wir unsere Fragestellung ändern und nicht mehr nach dem ›Warum?‹ fragen, sondern unsere Fragen mit ›Wie?‹ beginnen, fangen wir an zu begreifen, daß auch tragische Verluste uns ›zufällig‹ treffen.

Ich wünsche mir, daß Sie mit Überzeugung und Zuversicht sagen können:

Der Verlust, den ich erlitten habe, ist ein wichtiger Einschnitt in meinem Leben. Aber er ist nicht das Ende meines Lebens. Ich kann trotz des Verlustes ein erfülltes und glückliches Leben führen. Meine Trauer hat mich vieles gelehrt und ich werde daraus Nutzen ziehen, um an meinem Verlust innerlich zu wachsen.

Das ist keine leichte Aussage. Es fällt nicht leicht, nach einem wichtigen Verlust so zu denken. Und es ist noch schwieriger, diese Worte laut auszusprechen. Das darf nicht übereilt geschehen. Aber es ist ein vernünftiges und erreichbares Ziel.

Wenn Sie diese Aussage über Ihren Verlust machen können, werden Sie Kraft und Lebensfreude wiederfinden. Sie werden sich an ein neues Leben anpassen und Ihre Gedanken werden nicht ständig um Ihre Verlusterfahrung und Ihre Trauer kreisen. Sie werden ein neues Selbstwertgefühl erhalten. Eine neue Ruhe wird in Sie einkehren. Nebensächlichkeiten werden Sie nicht mehr so schnell aus der Fassung bringen. Sie werden sich selbst nicht mehr allzu ernst nehmen und Sie werden wieder lachen können.

Jetzt ist der Zeitpunkt gekommen, um sich einen langgehegten Wunsch zu erfüllen, oder die Frisur zu ändern, neue Kleider zu kaufen – oder beides! Ein guter Zeitpunkt, ein Zimmer neu einzurichten oder eine Reise zu machen. Die Zeit ist reif, um neue Ziele für die nächsten zwei bis fünf Jahre ins Auge zu fassen.

Irgendwann werden Sie erkennen, daß Sie Ihr ganzes Leben lang damit beschäftigt sind, sich an Veränderungen und Verluste zu gewöhnen. Wie bei jeder Technik werden Sie Ihre neuen Erkenntnisse, die Sie aus einem Verlust gewonnen haben, mit wachsendem Geschick nutzen.

Sie werden Ihren Verlust nicht vergessen. Er bleibt Bestandteil Ihrer Lebensgeschichte. Aber Sie werden an die Person, den Ort, oder an das, was immer Sie verloren haben, denken, ohne Schmerzen zu verspüren.

Der Tag wird kommen, an dem Sie tief in Ihrem Innern wissen, daß Sie Ihr Gleichgewicht wiedergefunden haben, daß Ihre Reise durch die Trauer abgeschlossen ist und Sie bereit sind, ein positives, erfülltes Leben zu führen. An diesem Tag werden Sie mehr innere Kraft haben als je zuvor.

Ein Nachwort zu gesunder und verzerrter Trauer

Ich hoffe, Sie vermochten beim Lesen der Schritte durch den Trauerprozeß einige Ängste abzulegen. Trauer wird keinen bleibenden Schaden anrichten, wenn Sie sich ihr stellen und sich durch den Prozeß hindurcharbeiten. Die in diesem Kapitel beschriebenen Schritte spiegeln eine gesunde Trauerarbeit und einen normalen Weg zur Gesundung wider.

Leiden ist eine fundamentale Kraft unserer Gefühlswelt. Wenn wir Leiden richtig verstehen, achten, uns nutzbar machen und in die richtigen Bahnen lenken, kann es eine kreative Kraft werden. Nur wenn Trauer außer Kontrolle gerät, verzerrt und falsch verstanden wird, wirkt sie zerstörend. Wie körperliche Wunden, so können sich auch die Wunden der Trauer entzünden.

Es ist also wichtig zu wissen, ob Ihre Trauer gesund oder schädlich ist. Wenn Sie eine normale Erkältung haben, wissen Sie, was Sie dagegen tun müssen. Sie brauchen keinen Arzt und keine Klinik. Wird aus einer Erkältung jedoch eine Lungenentzündung, wäre es töricht, sich nicht in ärztliche Behandlung zu begeben.

Das trifft auch auf die Trauer zu. Ich habe die Schritte zur Gesundung beschrieben und was Sie von sich erwarten können, wenn Sie gesunde Trauer erleben. Es ist auch wichtig, die Anzeichen von verzerrter Trauer zu kennen.

Nachfolgend eine Liste von Symptomen, die Ihnen zeigt, wann Sie mit Ihrer Trauer nicht mehr alleine fertig werden. Falls Sie eines der Symptome bei sich wahrnehmen, ist es Zeit, professionelle Hilfe von außen hinzuzuziehen. Sie brauchen sich nicht zu schämen, fremde Hilfe in Anspruch zu nehmen. Sie müßten sich allerdings schämen, wenn Sie dringend benötigte Hilfe verweigern würden.

1. Ständige Gedanken an Selbstzerstörung.
Das Schlüsselwort ist ständig. Selbstmordgedanken in Zeiten großer Trauer sind keine Seltenheit. Aber sie sollten bald vorübergehen. Wenn Sie an eine besondere Methode denken, sich das Leben zu nehmen, wird es Zeit, Hilfe von außen einzuholen. Die wichtigste Entscheidung gesunder Trauer heißt *Ich will leben*.

2. Ihre Grundbedürfnisse vernachlässigen.
Wenn Sie Ihre Verhaltensmuster ändern und Freunde und Fa-

milie meiden, ist es Zeit, Hilfe zu holen. Die Interaktion mit anderen Menschen ist für den gesunden Trauerprozeß lebensnotwendig.

Gleichermaßen wichtig sind Ihre körperlichen Bedürfnisse, wie gesunde Ernährung, Bewegung und Ruhe. Wenn Sie diese Grundbedürfnisse vernachlässigen, wird es Zeit, Hilfe zu suchen.

3. Die Fortdauer bestimmter Trauerreaktionen.

Eine Depression, die Sie wochenlang zur Passivität verdammt, ist ein Zeichen dafür, daß Sie professionelle Hilfe brauchen. Das gleiche gilt, wenn Sie die Realität Ihres Verlustes leugnen oder noch Monate nach dem Verlust zu keiner Gefühlsäußerung fähig sind. Jede an sich ganz normale Trauerreaktion, die zu lange anhält, weist darauf hin, daß Hilfe von außen angeraten ist.

4. Suchtmittel-Abusus.

Damit ist jede Substanz gemeint, die zu lange eingenommen wird, angefangen von Beruhigungsmitteln oder Schlaftabletten, bis zu Alkohol- oder Drogenmißbrauch. Auch wer zu viel oder zu wenig ißt oder sich nur von Fertiggerichten ernährt, ist davon betroffen.

5. Wiederkehrende seelische Störungen.

Langanhaltende Gefühle der Angst, wiederkehrende Halluzinationen oder anhaltend gestörte Körperfunktionen können auf einen seelischen Zusammenbruch hindeuten. Beherzigen Sie eine Faustregel: Wenn Sie langfristige Funktionsstörungen aufweisen, suchen Sie professionelle Hilfe.

Wenn Sie Zweifel haben, ob Sie die Hilfe eines Psychologen brauchen – *nehmen Sie die Hilfe in Anspruch!* Auch wenn Ihre Trauer gesund ist, können Sie alle Hilfsmaßnahmen brauchen, um Ihr inneres Gleichgewicht wiederzufinden und Ihr Leben wieder zu bewältigen.

Kapitel 4

Die innere Suche

Trauer ist eine ganz persönliche Erfahrung

Um nach einem schmerzlichen Verlust das seelische Gleichgewicht wiederzufinden und ein zufriedenes und gesundes Leben zu führen, müssen Sie in Ihrem Inneren nach Verständnis und Hoffnung suchen. Die Antworten auf die Fragen, die Ihnen auf dem Herzen und der Seele brennen, kann Ihnen kein anderer Mensch geben.

Ihr Verlust ist zunächst und primär *Ihr* Verlust, ungeachtet wer sonst noch davon betroffen ist. Weil Verlust eine so persönliche Sache ist, fällt es Ihnen oft so schwer, Ihre Gefühle anderen mitzuteilen, und anderen fällt es wiederum schwer, Sie zu verstehen. Ihre Einsamkeit verstärkt Ihr Gefühl des Leidens und der Isolation.

Auch Ihr Heilprozeß ist eine persönliche Erfahrung. Ihre persönliche Reaktion au Ihren Verlust weist ähnliche Merkmale auf wie die Reaktionen Ihrer Freunde und Familie auf deren Verluste. Andererseits ist er einzigartig Ihr Verlust, auf den Sie einzigartig reagieren.

Wenn Ihr Ehepartner stirbt, sind auch andere Familienmitglieder davon betroffen. Bei einer Scheidung machen Sie sich Sorgen um das Wohlergehen Ihrer Kinder. Bei Geschäftseinbußen sind meist auch andere betroffen. Doch Ihr primäres Interesse und der Sachverhalt, der Ihre Gefühle beherrscht, ist Ihr *persönlicher* Verlust.

Sie fragen nicht: »Warum ist das *uns* zugestoßen?« Sie fragen: »Warum ist das *mir* zugestoßen?« Andere können Ihnen Hilfe geben, Trost und Mut zusprechen, aber *Sie* müssen Ihre Trauer durcharbeiten. Es liegt an Ihnen, ob Sie die Gelegenheit wahrnehmen, an Ihrem Verlust zu wachsen, nicht nur unter ihm zu leiden.

In den ersten Monaten nach einem bedeutsamen Verlust benutzen Sie häufig die Worte *ich,* mein und *mich.* Diese Ichbezogenheit ist nicht nur in Ordnung, sie ist notwendig.

Denken Sie an einen Verlust, den Sie irgendwann in der Vergangenheit erlitten haben. Wenn dieser Verlust sehr schmerzhaft war, wurde er zum Mittelpunkt Ihres Lebens. Für Sie war es bedeutungslos, ob die Sonne schien oder nicht. Ihre Tage waren düster und grau. Es nützte nichts, wenn ein wohlmeinender Mensch versuchte, Sie aufzumuntern und Ihnen alles erzählte, wofür Sie dankbar sein können. Sie haben einen geliebten Menschen verloren oder mußten den Ort, den Sie Heimat nannten, verlassen, oder Ihr Lebenstraum war zerbrochen. Sie wollten keine Gemeinplätze hören.

In Ihrem Herzen regnete es – und Ihre Trauer floß aus Ihren Augen. Sie mochten sich noch so oft zur Besonnenheit ermahnen, es half nichts. Sie hatten einen lieben Menschen verloren oder etwas, das Ihnen viel bedeutete. Der Schmerz über diesen Verlust ließ sich nicht in Worte fassen.

Sie sehnten sich nach einem Hoffnungsschimmer. Sie fragten sich, ob es einen Lichtschein am Ende des dunklen Tunnels gab. Doch wenn ein Licht auftauchte, fragten Sie sich bang, ob es nicht ein entgegenkommender Güterzug war, vollbeladen mit weiterem Kummer und Leid.

Sie suchten die Antworten nicht bei Menschen Ihrer Umgebung, in der Überzeugung, niemand würde Ihre Gefühle wirklich verstehen. Kein Mensch vermochte Ihren Schmerz zu lindern. So sehr Sie sich danach sehnten, daß jemand Sie aus Ihrer Verzweiflung befreien möge, so wußten Sie doch mit Gewißheit, daß Sie letztlich alles allein verarbeiten mußten.

Ein wichtiger Teil Ihres gesamten Lebensplanes war zunichte gemacht. Sie konnten sich nicht vorstellen, je wieder glücklich zu sein. Sie fühlten sich, als seien Sie vom Karussell der Lebensfreude gestürzt und würden nie wieder Anschluß finden. Sie sahen keinen Weg, wie das Leben weitergehen würde. Aber Sie brauchten dringend einen Weg, um wieder Hoffnung zu schöpfen.

Wenn Sie die soeben beschriebenen Gefühle in ähnlicher Form erlebt haben, wissen Sie um die wahre Bedeutung *persönlicher Trauer.*

Sechs Monate nachdem Georges Frau an Krebs gestorben war, sagte er mir: »Ich werde nie wieder der Mensch sein, der ich früher war!« Und damit hatte er vollkommen recht. Er war 50 Jahre verheiratet gewesen. Bei der Feier ihrer Goldenen Hochzeit war seine Frau gesund. Einen Monat später wurde ihr die Diagnose der Krebserkrankung gestellt und acht Monate später war sie tot. George hätte nie geahnt, daß seine Ehe auf diese Weise enden würde. Er wußte, daß nahezu 80% der Männer seines Alters vor ihren Frauen starben. Es erschien ihm irgendwie falsch, daß sie tot und er noch immer am Leben war. Er war von Schuldgefühlen gepeinigt, weil er sie überlebt hatte.

Niemand hätte George die Zusage geben können, daß sein Leben wieder so werden würde, wie es einmal war. Er suchte nach einem Hoffnungsschimmer. Er kam zu mir mit der Frage, ob es für ihn noch ein lebenswertes Dasein geben könnte. Ich entgegnete George, die Antwort auf diese Frage könne er nur in seinem Herzen und in seiner Seele finden. Ich konnte ihm lediglich Beistand leisten, ihm dabei helfen, sein Inneres zu erforschen, und ich konnte ihm Mut zusprechen.

Im Lauf der nächsten vier Jahre erholte sich George und wurde fähig, ein zufriedenes Leben zu führen. Er legte sich ein neues Hobby zu, besuchte Tanzkurse für Fortgeschrittene und arbeitete als Freiwilliger in einer Selbsthilfegruppe Krebskranker. Seine Antriebskraft kehrte zurück. Er ernährte sich gesund und schlief gut. Aus George war wieder ein glücklicher Mann geworden.

Susie kam auf Anraten einer Freundin zu mir. Ihr Freund Bill, mit dem sie drei Jahre zusammenlebte, war bei einem Motorradunfall ums Leben gekommen. Susie hatte als junges Mädchen das Elternhaus verlassen, mit 19 geheiratet und hatte sich nach der Geburt ihres Kindes scheiden lassen. Sie war mit Bill zusammengezogen, kurz nachdem die Scheidung rechtskräftig war.

Mit Bills Tod waren all ihre Träume, die sie für sich und ihr Kind hatte, zum zweiten Mal zerbrochen. Sie war voller Schuldbewußtsein. Sie fragte sich, ob Gott sie dafür strafe, weil sie sich hatte scheiden lassen und mit Bill zusammenlebte. Auch für Susie wird das Leben nie wieder so sein wie es früher war. Auch Susie sucht nach einem Hoffnungsschimmer. Auch sie muß ihr Inneres erforschen, denn die Antworten, die sie sucht, kann sie nur dort finden.

Susie muß selbst herausfinden, daß es für sie ein erfülltes Leben geben kann.

Sie muß einsehen, daß ihr Leben sich durch ihre Verluste verändert hat. Und sie muß begreifen, daß ihr Leben zwar in anderen Bahnen verläuft, deshalb aber nicht weniger lebenswert ist.

Für Susie – wie auch für Sie – gibt es ein Leben nach dem Verlust.

Um einen schmerzlichen Verlust zu überwinden und ein sinnvolles, erfülltes Leben führen zu können, müssen Sie drei Dinge akzeptieren:

- *Ihr Leben geht weiter.*
- *Es ist in Ordnung, daß Sie weiterleben.*
- *Sie können wieder glücklich sein.*

Es ist eine schwere Aufgabe, diese drei Punkte nach dem Verlust eines bedeutsamen Teils Ihres Lebens zu akzeptieren. Aber sie ist möglich und diese Einsicht wird Ihnen helfen, eine neue Lebensqualität zu erlangen.

Denken Sie über Ihre persönlichen Verluste nach

Schreiben Sie jede der folgenden Fragen auf ein gesondertes Blatt Papier. Unter jede Frage schreiben Sie Ihre Antworten, in beliebiger Länge, um Ihre Gefühle deutlich zum Ausdruck zu bringen.

- *Werde ich die Verluste überleben, die mir widerfahren sind?*
- *Ist es in Ordnung, mein Leben ohne den Menschen oder die Sache, die ich verloren habe, weiterzuführen?*
- *Kann ich wieder glücklich sein, obgleich ich weiß, daß mein Leben aufgrund meiner Verluste einen anderen Verlauf nehmen wird?*

Lesen Sie Ihre Antworten laut vor. Denken Sie darüber nach, was sie Ihnen über Ihre tiefsten Gedanken und Gefühle sagen.

Je mehr Hilfen Sie beanspruchen, einschließlich religiöser Überzeugungen, Familientraditionen und Selbsthilfegruppen, desto erfolgreicher wird Ihre innere Suche verlaufen. Je besser Sie begreifen, was Sie von sich zu erwarten haben, desto deutlicher erkennen Sie die Zeichen des Fortschritts Ihres Trauerprozesses und Ihres Wachstums.

Schreiben Sie auf ein weiteres Blatt Papier die Bezeichnung Ihres jüngsten Verlustes − den Namen einer Person oder ›meine Ehe‹, ›mein Haus‹ oder was immer auch den Verlust am deutlichsten bezeichnet. Unter dem Namen Ihres wichtigsten Verlustes schreiben Sie, was Sie als Folge davon verloren haben. Wenn beispielsweise Ihr Ehepartner gestorben ist, sieht Ihre Liste etwa folgendermaßen aus:

Bedeutender Verlust
Mein Ehemann Joe ist gestorben.

Damit verbundene Verluste
Finanzielle Sicherheit
Gemeinschaft
Möglicher Verlust des Hauses
Pläne für unser Alter
Enge Bindung zu Joes Familie
Unabhängigkeit
Persönliche Werte

Eine Scheidung zieht ähnliche Verluste nach sich.

Bemühen Sie sich um größtmögliche Vollständigkeit Ihrer Liste.

Sehen Sie sich diese Folgeverluste an. Sind einige davon mit größeren Enttäuschungen verbunden? Wenn ja, fügen Sie diese Ihrer Liste bei.

Fällt Ihnen auf, daß jeder Verlust, den Sie ertragen mußten, mit einer *Reihe* von Folgeverlusten verbunden war? Jeder dieser Verluste ist schmerzhaft. Jeder geht an den Kern dessen, was Sie als Lebensglück und Lebensqualität bezeichnen.

Bill war 32 Jahre alt, als seine Ehefrau Selbstmord beging. Er sagte mir: »Ich habe nicht nur meine Frau verloren. Mein gesamtes Selbstwertgefühl und all meine Zukunftspläne wurden mit ihr zu Grabe getragen! Was soll ich jetzt tun?«

Nancy, deren Mann sich nach 28 Ehejahren scheiden ließ, sagte: »Als er die Haustür hinter sich schloß, ging meine Sicherheit mit ihm. Ich muß irgend etwas finden, womit ich meinen Lebensunterhalt verdiene.«

Jack verlor sein ganzes Vermögen bei einer geschäftlichen Transaktion. Er sagte: »Ich mußte lernen, meinen persönlichen Wert getrennt von meinen Erfolgsträumen zu sehen, bevor ich mich von dem Gedanken befreien konnte, Selbstmord zu begehen.«

Kleine Verluste

Nicht all Ihre Verluste sind so schwerwiegend wie der Tod eines geliebten Menschen, eine Ehescheidung oder ein größerer Ortswechsel. Dennoch haben auch sogenannte kleine Verluste weitreichenden Einfluß auf Ihr Leben.

Meine Frau June und ich waren Tausende von Kilometern unfallfrei gefahren, doch innerhalb von 48 Stunden hatten wir zwei Autounfälle. Keiner davon wäre zu vermeiden gewesen. Der zweite Unfall war ein Frontalzusammenstoß mit einem Laster, der in einer unübersichtlichen Kurve auf die Gegenfahrbahn geraten war. Junes Kopf schlug gegen die Windschutzscheibe. Nach dem Unfall sah ich, wie ihr das Blut über das Gesicht lief und auf ihre weiße Hose tropfte.

Innerhalb weniger Minuten hatten fremde Menschen sie in ihren Wagen gepackt, um sie in die nur wenige Meilen entfernte Klinik zu bringen. Ich blieb beim Wagen, um auf die Polizei zu warten. Ich hatte keine Ahnung, wie schwer June verletzt war oder wie lange es dauern würde, bevor ich sie wiedersehen würde. Erst als June längst vom Unfallort fortgebracht worden war, kam mir zu Bewußtsein, daß ich nicht einmal die Namen der Männer wußte, die meine Frau weggebracht hatten.

Meine Frau hat im Verlauf unseres Ehelebens oft gesagt:

»Bei dir fühle ich mich geborgen. Du paßt gut auf mich auf.« Dieser Vertrauensbeweis hat mir immer Freude bereitet. Nun stand ich schluchzend neben dem zerbeulten Wagen und in meinem Schock und voller Gewissensbisse wiederholte ich immer wieder: »Ich hab' nicht auf sie aufgepaßt. Ich habe sie belogen.«

Hätte ich nicht kurz vor dem Unfall an einem Supermarkt angehalten, wäre der Unfall möglicherweise nicht passiert. Ständig wiederholte ich die bohrenden Fragen: »Wie hätte ich den Unfall vermeiden können? Ist June ernsthaft verletzt? Was ist, wenn sie stirbt?«

Im Rückblick auf dieses Erlebnis sehe ich den Verlust mehrerer Dinge:

- *Meine Rolle als Junes Beschützer.*
- *Mein Stolz, ein guter Fahrer zu sein.*
- *Mein Gefühl der Sicherheit.*
- *Meine Überzeugung, daß Tragödien nur anderen Menschen zustoßen.*
- *Das Gefühl, mein Leben unter Kontrolle zu haben.*

Mich befiel ein heftiges Gefühl der Trauer, nur weil ich eingestehen mußte, daß unsere Lebensumstände nicht immer unter meiner Kontrolle standen.

Gottlob war June nicht ernsthaft verletzt. Dem Geschick eines erfahrenen Chirurgen ist es zu verdanken, daß sie nur eine winzige Narbe an ihrer sommersprossigen Nase zurückbehielt. Obwohl wir enormes Glück hatten, dauerte es ein Jahr, bevor wir uns von diesem Ereignis in unserem Leben erholt hatten.

Dieses Verlusterlebnis war nicht wirklich erheblich. Keiner der Beteiligten starb. Die Versicherung kam für den Schaden auf. Nach wie vor verreisen wir häufig mit dem Wagen. Unsere Verluste waren geringfügig im Vergleich zu den wirklich schrecklichen Dingen, die passieren können. Dennoch war es für uns wichtig, uns mit der Wirkung dieser Erfahrung auf unser Leben zu beschäftigen.

Die Unfähigkeit, die Wirkung solcher *unerheblicher Verluste* durchzuarbeiten, ist ein Grund dafür, warum Menschen häufig so schlecht auf einen großen Verlust vorbereitet sind. Wenn Sie darüber nachdenken, wie kleine Verluste Ihr Leben prägen, bereiten Sie sich auf die unvermeidbaren großen Verluste vor, die jeder von uns erleben muß.

Wenn Sie kleinen Verlusten Aufmerksamkeit schenken, erkennen Sie zumindest, daß Verlust zum Leben gehört. Wenn Sie in sich hineinhorchen, wenn Sie Ihre Reaktion auf einen kleineren Verlust erforschen, werden Sie Hilfsquellen entdekken, die Ihnen in Zeiten von wichtigen Verlusten gute Dienste leisten.

Kapitel 5

Vier Hauptfaktoren der Trauer
Den Grundstein zum Heilungsprozeß legen

Vier Schlüsselfaktoren über die Trauer helfen Ihnen, sie zu bewältigen. Wenn Sie diese Faktoren akzeptieren, schaffen Sie es, die erforderliche Kraft und Geduld aufzubringen, um die Belastung, den Schmerz und die Zeitdauer zu ertragen, die der Prozeß Ihrer Trauer mit sich bringt. Diese vier Faktoren lauten:

- *Der Weg aus der Trauer führt durch sie hindurch.*
- *Die schlimmste Trauer ist die, die Sie ertragen müssen.*
- *Trauer ist Schwerarbeit*
- *Trauerarbeit kann nicht allein erfolgreich bewältigt werden.*

Der Lernprozeß, in dieser Form mit Trauer umzugehen, mag Ihnen ungewohnt und unangenehm erscheinen. Es sind für Sie vielleicht völlig neue Denkweisen. Mit einiger Übung geben Ihnen diese Denkweisen jedoch wertvolle Unterstützung in Ihrem Trauerprozeß.

Der Weg aus der Trauer führt durch sie hindurch

Das ist eine Tatsache!

Und die wichtigste Erkenntnis, die Sie über Trauer gewinnen müssen. Wenn Sie Ihre Trauer verarbeiten und an Ihrem Verlust wachsen wollen, müssen Sie diese Tatsache akzeptieren. Es gibt keinen Ausweg und keine Abkürzung, um zu einem erfüllten Leben nach einem schweren Verlust zu gelangen.

Da der Heilprozeß aus der Trauer so schmerzhaft ist, suchen Sie nach Auswegen, um nicht durch sie hindurchgehen zu müssen. Kein Mensch hat den Wunsch, seine Trauer zu verarbeiten. Kein Mensch sehnt sich danach, die damit verbundene Einsamkeit und Seelenqual durchmachen zu müssen. Wir alle neigen dazu, unserer Trauer irgendwie zu entfliehen:

- *Wir versuchen, ihr aus dem Weg zu gehen.*
- *Wir versuchen, sie so schnell wie möglich zu verdrängen, und wenn das nicht klappt...*
- *versuchen wir, tatenlos abzuwarten, bis sie vorüber ist.*

Zeit heilt Wunden. Wie oft haben Sie diesen Satz gehört? Es entspricht leider nicht der Wahrheit! Zeit allein heilt nicht, ebenso wie Übung allein keinen Meister macht. Es ist nämlich sehr wohl möglich, einen Fehler immer wieder zu üben. Nur *perfekte* Übung macht den Meister! In gleicher Weise heilt nur der harte Weg *durch* die Trauer die tiefen Wunden und gibt Ihnen Ihr seelisches Gleichgewicht wieder zurück.

Maggie sagte etwa zwei Jahre nach dem Tod ihres Ehemanns: »Ich komme nie darüber hinweg.« Das war in einer Selbsthilfegruppe. Ich wandte mich an sie und hörte mich sagen: »Maggie, Sie haben völlig recht! Sie können sich noch fünfzig Jahre lang bemühen und noch so sehr anstrengen. Sie werden nicht über Roys Tod *hinwegkommen*. Ebensowenig werden Sie unter ihm durch oder um ihn herum kommen. Sie schaffen es nur *durch* Ihre Trauer hindurch!«

Wenn Sie mit Maggie sagen wollen »Ich komme nie darüber hinweg«, haben Sie eine große Wahrheit begriffen.

Wenn ein geliebter Mensch stirbt, wenn Sie die Qualen einer Scheidung durchmachen oder eine andere dramatische Veränderung erleben, kommen Sie nicht darüber hinweg. Dieser Mensch, die Phase Ihres Lebens oder die Veränderung wird immer ein Teil von Ihnen und Ihrer Lebensgeschichte bleiben.

Je bedeutender Ihr Verlust, desto größer Ihre Trauer. Sie werden über diesen Verlust nicht hinwegkommen − oder drunter hindurchschlüpfen − es gibt auch keinen Weg, der außen herum führt. Sie können nicht abwarten, bis Ihr Verlust vorüber ist. Es gibt nur einen Weg, und der führt mitten durch Ihre Trauer hindurch.

Irma, deren Ehemann vor zehn Jahren starb, hörte sechs Monate nach seinem Tod auf, an ihrer Trauer zu arbeiten. Sie versuchte, ihr zu entgehen, indem sie nicht mehr darüber sprach. Bis zum heutigen Tag hat Irma sich nicht mit ihrer Wut auseinandergesetzt, die sie gegen ihren Ehemann verspürte, weil er sie durch seinen Tod verließ. Dadurch schadete sie sowohl ihrer körperlichen wie ihrer geistigen Gesundheit. Sie wurde krankheitsanfällig und leidet unter einer Reihe von Phobien. Wenn Irma ihre innere Einstellung nicht ändert, wird sie wohl kaum wieder zu gesunder Lebensfreude finden.

Wer eine Scheidung durchgemacht hat, kennt den Trugschluß, wonach die Scheidung das Ende der Probleme zwischen den Eheleuten darstellt. Der einzige Unterschied besteht meist darin, daß die beiden nicht länger unter einem Dach leben.

Wer mit dem Ehepartner während der Ehe heftige Auseinandersetzungen hatte, wird vermutlich nach der Scheidung weiter streiten. Hat ein Ehepaar Kinder, dauert die Beziehung das ganze Leben. Sind die Kinder erwachsen, sehen die Eltern einander zu Hochzeiten, Kindstaufen und anderen wichtigen Ereignissen, an denen die Kinder beide Eltern um sich haben möchten.

Das Leben ist zu kurz, um Jahre damit zu verbringen, die Kämpfe fortzusetzen, die zum Ende der Ehe geführt haben. Der beste Weg, um Frieden zu finden, führt direkt durch die Trauerarbeit, die am Ende einer Ehe folgt.

Das ist nur zu schaffen, wenn man sich den Gefühlen stellt, denen man lieber ausweichen würde. Ich habe stets den Eindruck, als erstes Opfer einer Scheidung ist der Verlust des Selbstwerts beider Partner zu beklagen. Allein dieser Verlust kann einem Betroffenen den Boden unter den Füßen wegziehen. Nicht selten vergeht ein Jahr oder mehr, bevor Geschiedene beginnen, ihr gesundes Selbstbild wieder aufzubauen.

Ein Mann, dessen Ehe nach 16 Jahren mit Scheidung endete, suchte einen Berater auf. Der Mann arbeitete sich durch einige sehr schmerzhafte Entdeckungen über die eigene Person. Er mußte erkennen, daß sein Verhalten seiner Frau und den Kindern gegenüber erheblich zur Zerrüttung der Ehe beigetragen hatte. Diese Erkenntnis half ihm, sich zu verändern und an seinem Verlust zu wachsen. Er ist geduldiger und verständnisvoller geworden. Er nimmt sich weniger ernst und damit das Leben leichter. Heute ist er wieder verheiratet und diesmal glücklich.

Trotz aller Trauer kann er rückblickend sagen, daß die Arbeit durch seine Scheidung ihm geholfen hat. Er ist dankbar, dadurch zu Wachstum und Veränderung motiviert worden zu sein.

Seine Exfrau, die die Scheidung eingereicht hatte, schien sich nie mit ihren Gefühlen auseinandergesetzt zu haben. Sie wartete darauf, daß ihre Trauer irgendwie ein Ende finden würde. Das funktioniert nicht. Drei Jahre nach der Scheidung rief sie ihren Exmann immer wieder an und verlangte von ihm Geld, Reparaturen im Haus und seelischen Rückhalt.

Als er ein zweites Mal heiratete, zog sie wieder in das Haus ein, das sie viele Jahre gemeinsam bewohnt hatten. Sie klammerte sich an die Symbole einer Beziehung, die längst gestorben war. Sie versuchte, die Trauer um ihren Verlust zu unterdrücken. Unterdessen nistet sich das Bedürfnis zu trauern in einen Winkel ihrer Seele ein, wartet ab – und wächst!

Um sich durch den Trauerprozeß zu arbeiten, brauchen Sie Durchhaltevermögen und sehr viel Geduld. Es kommen Zeiten auf Sie zu, in denen Sie sich unendlich traurig, verlassen, einsam, wütend fühlen – oder alles zur gleichen Zeit. Um diesen unangenehmen Gefühlen wirksam zu begegnen, brauchen Sie ein hohes Maß an Zielstrebigkeit. Sie müssen wirklich davon überzeugt sein, daß es keinen anderen Weg aus Ihrer Trauer gibt als direkt durch sie hindurch.

Es ist nicht ungewöhnlich oder unnormal, wenn Sie sich nach der Konfrontation mit Ihrer Trauer noch schlechter fühlen. Darauf müssen Sie vorbereitet sein. Das ist kein Zeichen dafür, daß Ihr Zustand sich verschlechtert hat, im Gegenteil, Sie befinden sich auf dem Weg der Besserung!

Es kommt häufig vor, daß mich ein Teilnehmer einer Selbsthilfegruppe anruft und sagt: »Ich fühlte mich nach dem Gruppentreffen schlechter als zuvor.« Der Anrufer ist oft schockiert, wenn ich antworte: »Freut mich zu hören! Sie machen Fortschritte.«

Das Gefühl der Besserung stellt sich einen Tag, eine Woche oder einige Monate später ein. Wenn Sie an einem großen Verlust arbeiten und sich dabei wohl fühlen, ist das ein Gefahrenzeichen. Dann ist es Zeit zu prüfen, ob Sie Ausflüchte machen oder Ihre Trauer überspringen oder sich unter ihr hindurchmogeln wollen. Tatsache ist: Das klappt nicht!

Die Arbeit durch den Verlust ist der einzige erfolgreiche und gesunde Weg aus der Trauer.

Im Verlauf dieses Buches finden Sie immer wieder Übungen, die Ihnen wirksame Methoden zeigen, wie Sie mit den Gefühlen umgehen, die Ihnen auf Ihrem Weg durch die Trauer und während des Aufbaus eines neuen Lebens begegnen.

Die schlimmste Trauer ist die, die Sie ertragen müssen

Welche Trauererfahrung ist die schlimmste? Ist der Verlust für die Witwe schlimmer, deren Ehemann plötzlich und unerwartet an einem Herzinfarkt stirbt? Oder ist es schlimmer, wenn er langsam und qualvoll an Krebs dahinsiecht? Ist es schlimmer, einen Ehepartner durch Tod zu verlieren oder wenn eine Ehe durch Scheidung in die Brüche geht? Ist der Tod eines Kindes der schlimmste aller Verluste?

Solche Fragen sind irrelevant. Es gibt nur den einen schlimmsten Verlust und das ist der *Ihre!*

Im Winter 1984 ereigneten sich zwei furchtbare Dinge, die sich beide auf mein Leben auswirkten. Bei einem Grubenunglück in Utah kamen mehrere Bergarbeiter ums Leben. Diese Tragödie beherrschte viele Tage die Schlagzeilen der Zeitungen im ganzen Land. Das zweite Unglück bestand darin, daß wir unsere 15 Jahre alte siamesische Katze einschläfern lassen mußten, weil sie ein Krebsgeschwür hinter dem Auge hatte.

Können Sie sich denken, bei welcher dieser beiden Katastrophen ich mir die Augen ausweinte? Erraten — wegen der Katze.

Es wäre frevelhaft, einen Vergleich zwischen dem Verlust eines Menschenlebens und dem Ende einer alten Katze zu ziehen. Aber Samantha war *meine* Katze. Ich habe sie geliebt. Sie war ein lebendiger Teil unseres Lebens. Ihr Verlust war keine abstrakte Größe. Ich sah keine Berichte im Fernsehen; ich las nicht in der Zeitung über ihren Tod, sagte »Wie entsetzlich!« und blätterte weiter zur Sportseite. Sie gehörte mir. Ihr Verlust stürzte mich in tiefe Trauer.

Ich stand im Wohnzimmer unseres Hauses, als meine Frau mit der Katze zum Tierarzt fuhr, der ihr die Todesspritze verabreichen sollte. Ich hätte es nicht über mich gebracht, die Praxis zu betreten, ohne in Tränen auszubrechen. Jeder weiß, daß ein großer Junge, noch dazu ein Priester nicht weint. Also übertrug ich diese Aufgabe meiner Frau! Ich hielt Samantha ein letztes Mal im Arm, kraulte ihr das Kinn, wie sie es liebte und trug sie hinaus in den Wagen, in dem June bereits wartete.

Als sie wegfuhr, schrie und schluchzte ich immer wieder: »Ich will meine Katze wieder haben. Sie darf nicht sterben!«

Das war mein Verlust und er war das Schlimmste, was auf der ganzen Welt passierte. Ich wollte nichts davon hören, wie tröstlich es sei, daß sie nicht leiden müsse, oder daß sie bereits die durchschnittliche Lebenserwartung einer Katze überschritten habe.

Mir fehlte jegliche Objektivität zum Verlust von Samantha im Vergleich zu dem Grubenunglück oder dem Verlust meiner Eltern vor einigen Jahren oder den hungernden Menschen in der Dritten Welt. So ist Trauer nun einmal. Es ist sinnlos zu sagen: »Wie kindisch, wegen einer Katze ein solches Theater zu machen!«

Ich habe tiefere Verlustschmerzen erlebt — wesentlich tiefere. Ein Mädchen aus der Nachbarschaft, das ebenso häufig bei uns war, wie in ihrer eigenen Familie, beging mit 19 Selbstmord. Meine beiden Eltern sind gestorben. Ich habe die Hand von Freunden in ihrer letzten Stunde gehalten, ich habe totgeborene Babies getauft, ich habe Familien in ihrer Entscheidung bestärkt, lebenserhaltende medizinische Geräte abzuschalten, und habe Eltern Beistand geleistet, deren Kinder einem grausamen Mord zum Opfer gefallen waren.

Jedes dieser Erlebnisse war äußerst schmerzhaft. Dennoch, in dem Augenblick als meine Katze starb, war die Trauer, die ich verspürte, die schlimmste Trauer auf der ganzen Welt.

Denken Sie an Ihre eigenen Erfahrungen. Vielleicht haben Sie ein Haus verkauft und ein neues gekauft. Sie waren sehr aufgeregt, als der Tag des Umzugs näherrückte, und als Sie in dem leeren alten Haus standen, nachdem der letzte Umzugskarton verladen war, überwältigte Sie plötzlich ein tiefes Gefühl des Verlustes und der Trauer. »Als hättest du dich von deinem Haus scheiden lassen«, wie ein Mann einmal sagte. Dieses schmerzliche Gefühl ist Trauer. Und in diesem Augenblick ist das die schlimmste Trauer, einfach weil es Ihre Trauer ist.

Wenn ein hochbetagter Greis in Ihrer Familie stirbt, bedeutet das großen Schmerz, weil Sie es sind, der den Verlust erleidet. Rabbi Earl Grollmans Vater war über 90. Sein Gesundheitszustand war seit Jahren sehr schlecht. Er war pflegebedürftig und in einem Altenheim untergebracht. Als er starb, sagte ein wohlmeinender Freund zu Earl: »Er hatte ein langes und erfülltes Leben. Bist du nicht erleichtert, daß er nun von seinen Leiden erlöst ist?« Earl antwortete mit unverhohlenem Zorn in der Stimme: »Begreifst du denn nicht? *Ich habe meinen Vater verloren!*«

Sie brauchen sich niemals zu entschuldigen, wenn Sie trauern. Denken Sie daran, der schlimmste Verlust ist immer der Ihre.

Ihr Verlust verdient und rechtfertigt Ihre Trauer. Welche Erfahrung Sie auch machen, Sie müssen Ihre echten Gefühle von Trauer und Zorn zulassen und aushalten, um wieder zu einem erfüllten Leben zu finden. Wenn Sie als geläuterter Mensch aus Ihrer Trauer hervorgehen wollen, dürfen Sie sich nicht darum kümmern, welche Gefühle auf dem Weg durch Ihre Trauer der Außenwelt passend erscheinen.

Als Phyliss sich unserer Selbsthilfegruppe anschloß, hatte sie ihre Tochter, ihren Schwiegersohn und drei Enkelkinder durch einen grausamen Massenmord verloren. Zwei Jahre später starb ihr Mann an Krebs. Susan kam zu uns, um ihren verwitweten Vater zu begleiten. Ein Jahr später starb er. Susan besuchte die Selbsthilfegruppe weiter. Eines Tages sagte sie: »Ich habe Schuldgefühle, weil ich traurig bin. Mein Verlust ist so geringfügig verglichen mit Phyliss' Verlust.«

Diese Einstellung hätte ein Stolperstein auf Susans Weg

durch ihren Trauerprozeß sein können. Es war wichtig, daß sie sich vor Augen führte, daß ihre Trauer ebenso real war wie die Trauer von Phyliss.

Es schmerzt, liebe Menschen, Orte und Dinge zu verlieren. Die richtige und angemessene Reaktion ist Trauer. Wenn Sie Ihren Verlust nicht anerkennen und nicht beginnen, sich durch Ihre Trauer zu arbeiten, beginnen selbst geringfügige Trauererlebnisse sich festzusetzen. Sie werden zu unbezahlten Rechnungen – für die wir Zinsen bezahlen müssen.

Solange Sie sich einreden, Sie dürften gewisse Gefühle nicht empfinden, oder vorgeben, keinen Schmerz zu verspüren, bleibt Ihr Verlust präsent. Der Heilungsprozeß setzt erst dann ein, wenn Sie sich eingestehen, daß der schlimmste Trauerschmerz, ungeachtet aller furchtbaren Tragödien und Katastrophen auf der Welt, Ihr persönlicher Verlust ist.

Es gibt keinen Grund, sich bei Freunden, der Familie oder bei Gott dafür zu entschuldigen, daß Sie um den Verlust eines Menschen oder einer Sache trauern. Wenn andere Sie verstehen, um so besser. Wenn nicht, ist es deren Problem.

Der Weg aus der Trauer führt durch sie hindurch. Und der Weg durch sie beginnt damit, anzuerkennen, daß Ihr Verlust Ihre Trauer verdient, selbst wenn es sich dabei um den Tod einer alten Katze handelt.

Trauer ist Schwerarbeit

Der Weg durch die Trauer wird als ›Trauerarbeit‹ bezeichnet. Ich habe nie ganz verstanden, was das bedeutet, bis ich mich mit den Trauererfahrungen anderer Menschen beschäftigt habe. Es gibt keine bessere Beschreibung für das, was Sie durchstehen müssen, als das Wort *Arbeit*. Trauern ist Arbeiten. Es ist die schwierigste Arbeit, die jeder von uns leisten muß.

Wenn Sie Trauer als Arbeit verstehen, warten Sie nicht ab, bis sie vergeht. Mit dieser Einsicht erwarten Sie nicht von anderen dafür zu sorgen, daß Sie sich wieder als ganzer Mensch fühlen.

Es gibt Aufgaben, die wir nun mal nicht auf andere abschieben können. Niemand kann Ihnen die Arbeit abnehmen, den Tod eines Ihnen nahestehenden Menschen hinzunehmen. Niemand kann Ihnen die schwierige Aufgabe abnehmen, sich von diesem Menschen zu verabschieden; die Person, die Beziehung, den Teil Ihres Körpers oder was es auch sein mag, das Sie verloren haben, loszulassen. Das können und müssen nur Sie ganz allein tun.

Folgendes Bild hilft mir immer wieder, das Ausmaß der Trauerarbeit zu veranschaulichen:

Stellen Sie sich vor, Sie hatten Freunde zum Spaghettiessen eingeladen. Es war ein reizender Abend. Doch nun sind die Gäste gegangen und in der Küche türmt sich das schmutzige Geschirr. Kein schöner Anblick, die mit angetrockneter Tomatensauce verschmierten Teller!

Sie sind müde und haben nicht die geringste Lust, jetzt noch Geschirr zu spüren. Es gibt zwei Möglichkeiten: Sie lassen die Unordnung bis zum nächsten Morgen. Oder Sie überwinden sich und spülen das Geschirr jetzt, und wenn Sie noch so wenig Lust dazu haben.

Bleibt das schmutzige Geschirr bis zum nächsten Morgen stehen, haben Sie es im Augenblick leichter. Sie machen die Küchentür zu, legen sich ins Bett, denken an den netten Abend und schlafen friedlich ein. Aber der nächste Morgen... Der schmutzige Tellerberg sieht noch ekelhafter aus als am Abend zuvor.

Jetzt ist alles noch schwieriger. Der angenehme Abend ist vorbei und vergessen, Sie stehen vor der gleichen Entscheidung: spülen Sie das Geschirr jetzt oder schieben Sie die scheußliche Arbeit wieder vor sich her oder hoffen auf die Heinzelmännchen, die Ihnen die Arbeit abnehmen?

Wenn Sie das Geschirr direkt nach dem Abendessen spülen, helfen Ihre Gäste Ihnen vielleicht dabei – wenn Sie Glück haben. Schlimmstenfalls tun Sie es allein und sinken erschöpft ins Bett. Aber am Morgen ist die Küche sauber. Sie können den neuen Tag mit angenehmen Gedanken an die Einladung am Abend vorher beginnen und stolz darauf sein, daß Sie etwas erledigt haben, was Ihnen nicht leichtgefallen ist.

Trauerarbeit gleicht in vielen Punkten diesem profanen Beispiel. Sie ist eine Arbeit, die zu einer Zeit getan werden muß, in der Sie überhaupt keine Lust dazu haben. Sie können Ihre Trauerarbeit vor sich her schieben. Sie fühlen sich kurzfristig besser, wenn Sie über gewisse Dinge nicht sprechen. Aber es kommt der Tag, an dem Sie aufwachen und feststellen, daß Ihre Gefühle sich nicht verändert haben, und Sie haben das Bedürfnis, mit jemand über Ihre Gefühle zu sprechen, der Ihnen Verständnis und Mitgefühl entgegenbringt.

Ähnlich wie stehengebliebenes schmutziges Geschirr nach dem Spaghetti-Essen wird unerledigte Trauerarbeit mit der Zeit zunehmend unangenehmer.

Trauer ist keine Krankheit. Falls Sie aber versuchen, Ihrer Trauer aus dem Weg zu gehen, kann diese Verweigerungshaltung Sie sehr wohl krank machen.

Aus einer Studie von Dr. Glen Davidson geht hervor, daß etwa 25% der von ihm untersuchten trauernden Menschen sechs bis neun Monate nach dem Verlust ein drastisches Absinken ihres körpereigenen Immunsystems aufwiesen. Unsere erhöhte Krankheitsanfälligkeit in Zeiten der Trauer ist zum Teil auf diese Immunschwäche zurückzuführen.

Die Untersuchung belegt außerdem, daß diese Immunschwäche zu vermeiden ist. Wenn Sie Ihren Trauerprozeß bewußt durchleben und dabei Ihre körperlichen und emotionalen Bedürfnisse nicht vernachlässigen, werden Sie nicht krank.

Sie brauchen zunächst den Rückhalt einer Selbsthilfegruppe, in der Sie frei sprechen können. Weiterhin gilt es, auf gesunde Ernährung zu achten, was und wieviel Sie trinken, und für ausreichende Bewegung und genügend Schlaf zu sorgen.

Das ist harte Arbeit. Es gibt viel zu tun und nur Sie können viel daran tun.

Trauerarbeit kann nicht allein erfolgreich bewältigt werden

Einer der schlimmsten Klischeesätze, den Sie über Trauer hören, ist folgender:

● *Trauer ist eine so persönliche Sache, daß man sie für sich behalten sollte.*

Ein zweiter lautet:

● *Kein Außenstehender kann Ihnen helfen. Sie müssen mit Ihrer Trauer allein fertig werden.*

Diese beiden Aussagen entsprechen keineswegs der Wahrheit! Es ist eine Lebensweisheit, daß erfolgreiche Trauerarbeit nicht alleine getan werden kann.

Sie dürfen Ihre Trauer nicht zu Ihrer Privatsache machen. Sie brauchen andere Menschen so sehr, wie Sie die Luft zum Atmen brauchen. Sie müssen über Ihre Erlebnisse und Ihre Gefühle sprechen. Sie müssen zuhören, was andere über das zu sagen haben, was ihnen widerfahren ist. Daraus schöpfen Sie mehr als nur Trost. Es gibt Ihnen die Kraft, die Sie brauchen, um die Belastungen Ihres Trauerprozesses durchzustehen.

Wenn Sie Ihre Trauer für sich behalten, begeben Sie sich unnötig in Gefahr, Schaden zu erleiden. Nach zwei Besuchen blieb Joe unserer Selbsthilfegruppe fern. Er sagte, er sehe nicht ein, was es ihm bringen solle, sich einmal in der Woche vor ein paar Frauen auszuweinen. Das letzte, was ich von ihm hörte war, daß er an Magengeschwüren litt. Kaum ein Jahr nach dem Tod seiner Frau heiratete er wieder. Seine zweite Frau suchte mich mehrmals auf, um mit mir über seine Launenhaftigkeit zu sprechen. Joe weigerte sich, sie zu begleiten.

Jane brachte es nicht über sich, der Gruppe zu gestehen, daß ihre Ehe nicht die harmonische Romanze war, die sie sich gewünscht hätte. Nachbarn und Freunde wußten um lautstarke Auseinandersetzungen und Alkoholprobleme. Doch nach dem Tod ihres Ehemanns sprach sie über ihre Beziehung, als sei sie im Himmel geschlossen worden. Nach ein paar Monaten wurde sie zunehmend feindselig und war immer weniger bereit, ihre Gefühle mitzuteilen. Ihre Teilnahme an der Gruppe beschränkte sich darauf, anderen gute Ratschläge zu geben. Nach einer Weile kam sie überhaupt nicht mehr. Sie schloß sich anderen Trauergruppen in der Stadt an, doch keine konnte sie zufriedenstellen. Vier Jahre nach dem Tod ihres Mannes war Jane immer noch eine verbitterte, unglückliche Frau.

Das wirklich Traurige am Fall von Joe und Jane ist, daß ihre Probleme vermeidbar gewesen wären. Sie können sich durch Ihre Trauererfahrung arbeiten und daraus als wirklich gesunder Mensch hervorgehen. Sie müssen allerdings andere Menschen an sich heranlassen und an Ihrem Leben und Ihrer Trauer teilhaben lassen.

Die Kraft geteilten Leides

Das Zusammensein mit anderen, die ebenfalls einen Verlust erlitten haben, gibt Ihnen großen Rückhalt. Die Trauer-Selbsthilfegruppen sind mir von allen Gruppen unserer Kirchengemeinde die liebsten. Nirgendwo sonst werden Altersschranken rascher abgebaut als hier. Es ist etwas ganz Besonderes zu sehen, wie eine junge Mutter, deren Baby tot zur Welt kam und eine 80jährige Witwe sich umeinander annehmen und einander Trost spenden.

Ich kenne keine aufgeschlosseneren und liebevolleren Gruppen in anderen Bereichen. Menschen, die offen mit ihrem eigenen Leid umgehen, reagieren auf andere Menschen besonders sensibel.

Sie haben ein Gespür für den richtigen Zeitpunkt, um das Wort an einen Leidensgenossen zu richten und sie wissen, wann Worte unpassend und unnötig sind.

Ihr Schmerz vertieft sich nicht, wenn Sie sich mit der Trauer anderer Menschen befassen. Als ich meine Arbeit mit Trauernden begann, nahm ich an, daß jeder von ihnen an seinem eigenen Leid genug zu tragen habe.

Ich unterstellte, das Zusammensein mit anderen Menschen, denen der Tod ebenfalls einen geliebten Menschen genommen hatte, würde ihre Qualen erhöhen. Ich sollte mich irren! Wenn Sie lernen, anderen beizustehen, stellen Sie fest, daß Sie daran wachsen.

Je mehr Sie Ihre Trauerarbeit nach außen tragen, desto besser werden Sie damit fertig. Je mehr Sie darüber mit anderen

Menschen sprechen, in Briefen darüber schreiben, Ihre Trauer mit anderen teilen, desto wirksamer werden Sie mit Ihrem eigenen Verlust zurechtkommen. Niemand sagt, daß das einfach sein wird. Es ist nur notwendig.

Männer und Trauer

Männer haben allem Anschein nach größere Schwierigkeiten, Trauererfahrungen mitzuteilen, als Frauen. Diese Hemmung hat vermutlich mit unserer männlichen Angst zu tun, Emotionen zu zeigen. Viele von uns wurden mit der albernen Unterstellung erzogen, Tränen seien ein Zeichen von Charakterschwäche. Diese törichte Denkweise erfordert einen hohen Preis.

Ein Mann aus meinem Bekanntenkreis war ein erfolgreicher Geschäftsmann. Er lebte mit seiner Familie in großem Luxus in einem schönen Haus. Sein Versuch, seinen Erfolg auf eine neue Branche auszudehnen, scheiterte; er verlor sein gesamtes Vermögen und war gezwungen, sein Haus zu verkaufen und ganz von vorne anzufangen. Er und seine Familie leben seither in bescheidenen Verhältnissen.

Nach außen scheint er sein Schicksal mit Fassung zu tragen, weigert sich aber, über seine Gefühle zu sprechen. Er hätte die Möglichkeit, durch seinen Verlust zu wachsen. Er könnte bei Menschen, die seine Gefühle verstehen und teilen, Rückhalt finden. Er könnte sich auf dem Wege der Besserung befinden. Er ist es aber nicht. Er verschließt sich, behält seine Sorgen für sich. Dieses Verhalten erhöht die Gefahr, daß er sich eine ernsthafte Krankheit zuzieht, um ein Vielfaches.

Männer haben das gleiche Bedürfnis wie Frauen, ihre Verluste zu betrauern. Dazu gehört auch das Bedürfnis, mit anderen zusammenzusein, die ähnliche Verluste erlitten haben, und offen mit ihnen darüber zu sprechen, was ihnen widerfahren ist.

Wenn Sie ein Mann sind und einen großen Verlust in Ihrem Leben erlitten haben, versuchen Sie nicht, allein damit fertig zu werden. Wenn Sie zögern, sich einer Frauengruppe anzuschließen, suchen Sie in Ihrem Bekanntenkreis Anschluß zu Menschen, die Ihre Gefühle teilen. Vereinbaren Sie einmal in der Woche ein gemeinsames Frühstück oder Mittagessen mit Freunden, die ähnliche Verluste erlitten haben. Vielleicht dient Ihnen dieses Buch als Leitfaden für Gespräche über Ihre Verlusterfahrung.

Unbedachte Bemerkungen

Fast jede(r) Geschiedene und jede(r) Verwitwete aus meinem Bekanntenkreis weiß von Bemerkungen zu berichten, die die Bezeichnung *grausam* verdienen. Trauernde werden häufig getadelt, wenn sie weinen und werden gelobt, wenn sie ein Lächeln aufsetzen, selbst wenn es sie fast umbringt. Geschiedene Männer und Frauen stellen fest, daß Freunde Partei ergreifen und zu einer Zeit Urteile fällen, in der ein Betroffener nichts weiter als ein offenes Ohr braucht.

Viele Witwen haben mir berichtet, daß sie nach dem Tod ihres Ehemanns von gesellschaftlichen Anlässen ausgeschlossen wurden. Nach dem Tod ihres Mannes nahm Maggie all ihren Mut zusammen und ging wieder in den Bridgeclub, in dem beide seit Jahren Mitglieder waren. Der Schritt fiel ihr nicht leicht, denn sie waren immer gemeinsam zu den Bridgeabenden gegangen. Bei ihrer Ankunft empfing sie ein langjähriger Bekannter an der Tür mit den Worten: »Meine Liebe, weißt du denn nicht, daß dieser Club nur für Ehepaare gedacht ist?«

Ein Erlebnis dieser Art kann genügen, um Sie davon zu überzeugen, daß es besser ist, Ihre Trauer für sich zu behalten!

Sie werden Menschen begegnen, darunter auch Ärzte und Priester, denen Trauer zu unangenehm ist, um Ihnen Rückhalt anzubieten. Freunde gehen Ihnen vielleicht aus dem Weg, da sie nicht wissen, was sie sagen sollen. Kollegen am Arbeitsplatz fürchten, etwas zu sagen, was Ihnen wehtun könnte und sagen deshalb überhaupt nichts. Es scheint, daß in Ihrer Gegenwart eine stillschweigende Übereinkunft herrscht, schonend mit Ihnen umzugehen.

Dennoch bleibt die Tatsache bestehen, daß wirksame Trauerarbeit nicht allein getan werden kann. Aus diesem Grund ist es für Sie unbedingt erforderlich, einen Berater oder eine Selbsthilfegruppe aufzusuchen, wo Sie sich aussprechen können. Solche Eigeninitiativen gibt es in fast jeder Stadt, da Verlust eine so universelle menschliche Erfahrung ist. In Anhang C finden Sie Anleitungen, wie Sie selbst eine Trauer-Selbsthilfegruppe gründen können, wenn in Ihrer Stadt eine solche Einrichtung nicht vorhanden ist.

Kapitel 6

Wenn die schlechte Nachricht eintrifft
Erste Reaktionen auf einen schmerzlichen Verlust

Ich war einer von etwa fünfhundert Kongreßteilnehmern, als mein Name über die Lautsprecheranlage ausgerufen wurde, mit der Bitte, mich beim Informationsschalter zu melden. Als ich den Telefonhörer in die Hand nahm, sagte mir eine Stimme, daß meine Mutter gestorben sei. Bis heute weiß ich nicht, wer der Anrufer war.

Meine Mutter wurde nur vierundfünfzig Jahre alt. Ich wußte zwar, daß ihre Gesundheit labil war, hätte aber nie damit gerechnet, daß sie früh sterben würde. Vor kurzem hatte sie eine neue Behandlungsmethode begonnen, und ihre Krankheit galt nicht als lebensbedrohend. Sie war im Schlaf an einer arteriosklerotischen Herzerkrankung gestorben.

Benommen legte ich den Hörer auf, wußte nicht, was ich tun oder wohin ich mich wenden sollte. Ein Priesterkollege trat auf mich zu und ich stammelte: »Meine Mutter ist gestorben.« Sechs Monate später fand ich die Leiche meines Vaters in seiner Wohnung; er war bereits 24 Stunden tot. Er starb mit siebenundfünfzig Jahren.

Reaktion auf den Tod

Was tun Sie, wenn das Wort ›Tod‹ Sie betrifft? Zunächst geraten Sie in einen Schockzustand. Ihre Reaktionen sind nicht vorhersehbar. Die ersten sieben Tage nach einem Todesfall werden oft nur verschwommen wahrgenommen und Sie erinnern sich hinterher nur vage daran, was eigentlich vorgefallen ist.

In den ersten Stunden und Tagen, nachdem Sie die Nachricht vom Tod eines Nahestehenden erreicht hat, können Sie kaum einen klaren Gedanken fassen. Sie wissen vorher nicht, wie Sie auf den Tod eines lieben Menschen reagieren werden. Selbst wenn Sie andere große Verluste erlitten haben, unterscheidet sich jede Erfahrung von der vorhergehenden, und Sie reagieren von Fall zu Fall möglicherweise völlig anders.

Es erstaunt mich immer wieder, wie viele Menschen ich bei Begräbnissen treffe, die älter als sechzig Jahre sind und die nie zuvor einen lieben Menschen durch Tod verloren haben. Wenn Sie noch keinen Todesfall in Ihrer nahen Verwandtschaft oder Bekanntschaft erlebt haben, ist es um so wichtiger, über den Tod zu sprechen, bevor ein Todesfall eintritt.

Ehepaare erweisen einander einen großen Dienst, wenn sie über die nahezu hundertprozentige Gewißheit sprechen, daß sie nicht gleichzeitig sterben werden. Ein solches Gespräch kann bereits kurz nach der Hochzeit stattfinden, wenn nicht schon zuvor. Es ist für Verlobte erschreckend, sich klar zu machen, daß jede Ehe entweder mit Scheidung oder Tod endet, aber es ist eine Tatsache. Es ist nicht angenehm, über den Tod zu sprechen, es ist aber ebensowenig deprimierend oder morbide.

In welcher Weise Sie auch auf die schlechte Nachricht reagieren, Ihre Reaktion ist normal und in Ordnung. Manche Menschen fallen in Ohnmacht, andere erstarren zu Eis. Wieder andere brechen in Tränen aus oder entwickeln ein unglaubliches Organisationstalent.

Keine der Reaktionen ist besser oder schlechter als eine andere. Es bedeutet nicht, daß Sie weniger Anteil nehmen, wenn Sie keinen Weinkrampf bekommen. Sie sind nicht schwächer, wenn Sie weinen und nicht tapferer, wenn Sie es nicht tun.

Tränen sind generell ein gutes und ermutigendes Zeichen. Beherzigen Sie eine Faustregel: Wenn Sie nicht innerhalb von drei Monaten ›alles herausgelassen haben‹, sollten Sie sich in Beratung begeben. Sie kennen sich besser als irgendein anderer Mensch Sie kennt. Wenn Sie bei anderen Gelegenheiten selten weinen, tun Sie es vermutlich auch nicht bei einem großen Verlust. Ist Ihnen in den ersten Stunden oder Tagen nicht nach Weinen zumute, machen Sie sich darum keine Sorgen! Ist Ihnen später nach Weinen zumute, ohne daß Sie weinen können, suchen Sie professionelle Hilfe.

Sich nach dem Tod eines geliebten Menschen um die eigene Person kümmern

Wenn Sie einen geliebten Menschen durch Tod verloren haben, müssen Sie sich selbst erhöhte Aufmerksamkeit schenken. Nachfolgend sind sieben Schritte aufgeführt, die Ihnen helfen, diese schwierige Zeit zu überstehen:

1. Wie war Ihr Gesundheitszustand vor dem Verlust?

Wenn Sie vor dem Todesfall in ärztlicher Behandlung waren, oder wenn Sie Probleme mit dem Herzen hatten, anfällig für einen Schlaganfall sind, unter hohem Blutdruck leiden, suchen Sie *jetzt* Ihren Arzt auf.

2. Achten Sie auf Ihre Ernährung und Ihre Trinkgewohnheiten.

Sie haben keinen Appetit. Aber Sie brauchen jetzt alle Energie und seelische Kraft, um durchzuhalten. Es ist schädlich, lange Zeit nichts zu essen, sich von Fertiggerichten zu ernähren, zuviel Kaffee oder Alkohol zu trinken. Anhang B gibt Ihnen Anleitungen zu einer vernünftigen und gesunden Ernährung.

3. Sprechen Sie über die verstorbene Person.

Sprechen Sie mit jedem, der Ihnen zuhört. Erinnern Sie sich an frühere schöne Zeiten und sprechen Sie über Dinge, die für den Verstorbenen typisch waren. Scheuen Sie sich nicht, über Begleitumstände des Todes zu sprechen. Vielleicht erzählen Sie die Augenblicke des Sterbens immer wieder. Das macht nichts, es ist normal und richtig.

4. Nehmen Sie sich Zeit, allein zu sein.

Nehmen Sie sich vor dem Begräbnis Zeit, alleine zu sein. Dieses Alleinsein sollte mindestens eine Stunde dauern.

Sprechen Sie laut aus: »____ ist gestorben!« »Er / sie ist tot.« Sagen Sie nicht, *gegangen* oder *hat mich verlassen* oder *ist verschieden*. Sprechen Sie die Worte *tot* und *gestorben* aus. Sie müssen Ihre Stimme hören, wie Sie die Worte aussprechen. Fürchten Sie sich nicht vor Ihren Emotionen. Auch ein hysterischer Anfall wird Ihnen nicht schaden.

5. Halten Sie möglichst die gleiche Zeit zu Bett zu gehen ein wie sonst auch.

Auch wenn Sie sich nicht müde fühlen. Es ist wichtig, daß Sie Ihre Alltagsgewohnheiten so gut wie möglich beibehalten. *Vermeiden Sie es, sich mit Medikamenten, Drogen oder Alkohol zu betäuben.*

6. Lassen Sie die Unterstützung zu, die Ihnen angeboten wird.

Dieser Rückhalt kann von Ihrer Kirche, Ihren Arbeitskollegen, Ihren Vereinsmitgliedern oder einer beliebigen Gruppe außerhalb Ihrer Familie kommen.

Es fällt Ihnen möglicherweise schwer, Trost im Gebet oder im Gottesdienst zu finden. Auch das ist normal. In den ersten Stunden nach Erhalt der Todesnachricht denken Sie vielleicht nicht einmal an Ihren Priester. Auch darüber brauchen Sie sich keine Sorgen zu machen. Ihr Glaube wird Ihnen Trost spenden, wenn Sie dafür bereit sind.

7. Lassen Sie Ihre Wut zu.

Wenn Sie wütend auf die ganze Welt sind und insbesondere auf Gott, lassen Sie diese Emotionen zu. Das tut weder der Welt, noch Gott, noch Ihnen weh! Vergessen Sie nicht: *Auch wenn Sie die Antworten kennen, es ist nichts Schlimmes daran, ›warum?‹ zu fragen.*

Das Begräbnis überstehen

Gewöhnlich findet das Begräbnis drei bis fünf Tage nach dem Todesfall statt. Verzögerungen können eintreten durch Untersuchungen der Todesursache, oder wegen der langen Anreise von Familienmitgliedern oder anderer Umstände. Unter normalen Bedingungen findet das Begräbnis wie gesagt nach drei bis fünf Tagen statt.

In dieser Zeit vor dem Begräbnis sind Sie damit beschäftigt, Entscheidungen zu treffen, die vielfach nur Sie treffen können. Es gilt Vorbereitungen zu treffen, wie:

- *Das Grab auswählen.*
- *Tag und Uhrzeit der Begräbnisfeier festlegen.*
- *Soll der Verstorbene im geschlossenen oder offenen Sarg aufgebahrt werden?*
- *Soll der Sarg bei der Totenfeier anwesend sein?*
- *Soll am offenen Grab eine Rede gehalten werden?*
- *Im Falle einer Feuerbestattung müssen Sie eine Urne auswählen und sich entscheiden, ob sie in die Erde versenkt oder in eine Wandnische gestellt wird.*
- *Sie müssen dem Priester Stichworte für die Rede geben, die er bei der Trauerfeier hält.*
- *Sie müssen sich ans Telefon setzen, um Verwandte und Freunde zu verständigen, und Todesanzeigen verschicken.*
- *Sie müssen Versicherungspapiere, Geburtsurkunden und andere Dokumente heraussuchen.*
- *In bestimmten Fällen müssen Sie Ihre Zustimmung zu einer Autopsie geben.*

Keine dieser Entscheidungen wird Ihnen leichtfallen, aber alle müssen getroffen werden. Und seltsamerweise bringen diese Aktivitäten einen gewissen Trost. Ich mache oft die Feststellung, daß Freunde oder Verwandte des Verstorbenen, denen keine Pflichten übertragen werden, in den ersten Tagen nach dem Tod mehr leiden als jemand, der die ganze Verantwortung trägt. Die Begräbnisvorbereitungen und alle anderen notwendigen Pflichten zu erledigen ist für viele Menschen eine Erleichterung. Sie klammern sich an etwas Reales, das zu tun ist, in einer Zeit, in der alles andere unwirklich erscheint.

Es ist ratsam, sich von jemand dabei assistieren zu lassen, der nicht unmittelbar von dem Verlust betroffen ist — ein Nachbar, Freund, Priester (die Bitte wird oft an uns herangetragen) oder ein Berater. Bitten Sie den Betreffenden, Sie in die Leichenhalle zu begleiten, Ihnen bei der Auswahl des Sarges zu helfen und gemeinsam mit Ihnen Kleidung für das Begräbnis auszusuchen.

Es ist nicht leicht, Entscheidungen zu treffen, die langfristige Auswirkungen haben können (etwa die Begräbniskosten), da Sie kaum zu sachlichen Entscheidungen fähig sind. Doch die

Umstände machen diese Entscheidung nun mal erforderlich. Allein deshalb kann ein vertrauenswürdiger Außenstehender eine große Hilfe sein.

Der Direktor Ihres Bestattungsinstitutes hilft Ihnen ebenfalls in vielen Einzelheiten und gibt Ihnen gute Ratschläge. Ich habe Geschichten gehört von skrupellosen Leichenbestattern, die Menschen in seelischen Krisen ausgenutzt haben, allerdings ist mir persönlich in mehr als zwanzig Jahren, in denen ich mit Begräbnissen zu tun habe, kein einziger Betrugsfall untergekommen. Die Bestattungsinstitute, die ich kenne, werden von ehrlichen Geschäftsleuten geleitet, die ihren Kunden echtes Mitgefühl entgegenbringen.

Der Tag des Begräbnisses

Der Tag des Begräbnisses unterscheidet sich völlig von anderen Tagen. Als nächster Verwandter stehen Sie im Mittelpunkt des Interesses. Sie mögen sich vorkommen wie in einem riesigen Schaufenster, alle Welt starrt Sie an, alle Welt sieht Sie leiden.   Der Tod eines geliebten Menschen führt ein Zusammentreffen der entfernteren Verwandtschaft und der engen Familie herbei. Erinnerungen an vergangene Zeiten werden ausgetauscht, man spendet einander Trost, das alles kann Kraft geben.

Drogen und Beruhigungspillen

Nehmen Sie möglichst keine Beruhigungspillen, Drogen oder Alkohol vor dem Begräbnis ein. Die bewußte Teilnahme am Gottesdienst kann Ihnen Kraft und Trost geben.

Um spirituellen Nutzen aus der Totenfeier zu ziehen, sollten Sie:

- *die Feier möglichst bewußt erleben;*
- *Ihre Gefühle zulassen;*
- *Ihre Trauer zum Ausdruck bringen.*

Häufig wird der Tod erst beim Begräbnis zur Realität. So schmerzhaft es auch ist, wenn Sie die Realität Ihres Verlustes während der Trauerfeier erfassen, kann das einige Wochen oder Monate später ziemlich wichtig für Sie werden.

Sie müssen keine Heldenrolle spielen, Sie müssen nicht den Anschein erwecken, stark zu sein, weder für die Familie noch für Freunde, noch für Außenstehende. Es ist nicht der Zeitpunkt, um Stärke zu demonstrieren. Es ist auch nicht Ihre Aufgabe, anderen zu zeigen, wie fürsorglich Sie sind.

Den Leichnam aufbahren

Nächste Verwandte müssen die Entscheidung treffen, ob dem offen aufgebahrten Verstorbenen vor oder während der Trauerfeier die letzte Ehre erwiesen werden soll.

Auch hier rate ich Ihnen: *Handeln Sie nach Ihrem Gefühl.*

Es gibt keine richtige oder falsche Entscheidung.

Viele Menschen erfassen die Realität des Todes erst durch einen letzten Blick auf den Verstorbenen vor der Trauerfeier. Wer einen geliebten Toten im offenen Sarg liegen sieht, kann sich nicht länger vor der Realität verschließen und ist gezwungen, den Verlust hinzunehmen.

Scheuen Sie sich nicht, den Verstorbenen ein letztes Mal zu berühren, wenn Sie den Wunsch dazu verspüren. Als der Bruder meiner Frau ums Leben kam, konnte sie die Realität seines Todes erst dann akzeptieren und um ihn trauern, nachdem wir ihm einen Besuch in der Leichenhalle abgestattet hatten und sie ihn berührt hatte.

Wenn Sie noch nie einen Toten berührt haben, seien Sie darauf vorbereitet, daß er sich sehr kalt und seine Haut sich wie Leder anfühlt.

Wenn ein lieber Verstorbener vor seinem Tod längere Zeit in der Intensivstation einer Klinik an Schläuchen und Apparaten angeschlossen war, finden Sie möglicherweise Trost darin, ihn friedlich im Sarg liegen zu sehen.

Sie können dem aufgebahrten Toten vor Ankunft der übrigen Trauergemeinde einen Besuch abstatten, um einem möglichen Schock vorzubeugen und um die Fassung vor anderen Menschen zu bewahren.

Möglicherweise wollen Sie den Verstorbenen jedoch so im Gedächtnis behalten, wie Sie ihn oder sie zum letzten Mal lebend gesehen haben. Die Todesursache macht es in manchen Fällen unmöglich oder nicht wünschenswert, den Verstorbenen zu einer letzten Besichtigung freizugeben. Wenn Sie ein schwaches Herz haben oder unter hohem Blutdruck leiden, sollten Sie sich der Realität Ihres Verlustes behutsamer stellen.

Wie Ihre Entscheidung auch ausfallen mag, sie ist völlig in Ordnung, so lange Sie damit den Tod nicht leugnen. Das werden Sie in den folgenden Tagen ohnehin oft genug tun. Wenn Sie sich im Zweifel befinden, was zu tun ist, und wenn Sie bei guter Gesundheit sind, gebe ich Ihnen den Rat, sich den Verstorbenen allein anzusehen und danach die Entscheidung zu treffen, ob der Tote zur Trauerfeier im offenen Sarg aufgebahrt sein soll oder nicht.

Mit Kindern über den Tod reden

Ich werde häufig gefragt, ob Kinder an Beerdigungen teilnehmen sollen und ob sie ein verstorbenes Familienmitglied sehen dürfen.

Die Antwort auf diese Frage ist ein vernehmliches JA!

Kinder, besonders sehr kleine Kinder, sollten allerdings niemals gezwungen werden, an Trauerfeiern teilzunehmen oder sich Tote anzusehen. Das Erlebnis darf ihnen aber auch nicht vorenthalten werden. Wichtig ist, daß es Kindern freigestellt wird, an der Trauerfeier eines verstorbenen Familienmitglieds teilzunehmen. Der Versuch mancher Eltern, Kinder zu ›beschützen‹ und sie von der Trauer der Erwachsenen auszuschließen, kann vom Kind als Akt des Verlassenwerdens verstanden werden. Es empfiehlt sich eher, einem Kind durch die Trauer der Erwachsenen etwas über das Sterben und den Tod zu vermitteln, als sich dem Kind zu verschließen, ohne daß es den Grund dafür kennt.

Bei einem Todesfall in der Familie empfehle ich folgendes Verhalten:

- *Lassen Sie Ihre Kinder an der Erfahrung teilhaben.*
- *Versuchen Sie nicht, Ihren Kummer zu verbergen.*
- *Handeln Sie nicht, als wüßten Sie alle Antworten — Ihre Zweifel und Fragen fügen Kindern keinen Schaden zu.*
- *Bestätigen Sie den Kindern, daß weder Sie noch ein anderer Schuld trägt am Tod des Familienmitglieds. Kinder geben sich häufig die Schuld an den Tragödien der Erwachsenen.*
- *Erklären Sie den Tod in möglichst einfachen Worten, die das Kind verstehen kann. Benutzen Sie die Worte ›Tod‹ und ›Sterben‹. Sagen Sie nicht, der Verstorbene würde schlafen, sei fortgegangen oder habe Sie verlassen. Kinder nehmen das, was Erwachsene sagen, wörtlich. Wenn Sie sagen, der verstorbene Großvater schläft, fürchtet sich das Kind vielleicht einzuschlafen, oder es verlangt von Ihnen, daß Sie Großpapa wieder aufwecken.*

Beantworten Sie alle Fragen eines Kindes ehrlich und seien Sie auf Fragen gefaßt, die Ihnen seltsam erscheinen.

Ein dreijähriges Mädchen, dessen Bruder gestorben und eingeäschert wurde, reiste mit seinen Eltern im Flugzeug mit der Urne des kleinen Jungen an den Ort, an dem er beigesetzt werden sollte. Die Kleine fragte die Eltern, ob die Zigarettenasche im Aschenbecher ihr Bruder sei. Beim Landeanflug machte sie sich Sorgen, daß die Maschine auf seine Urne landen würde. In der Ankunftshalle fragte sie, ob der Bruder sie abholen würde. Bei der Trauerfeier war sie sehr enttäuscht, weil sie erwartet hatte, daß er auch anwesend sei. Und als man ihr noch einmal erklärte, seine Asche sei in der Urne, wollte sie hineinschauen, um ihren Bruder darin zu sehen.

Sagen Sie einem Kind nicht, daß Gott den Verstorbenen zu sich geholt hat. Das mag ein vorübergehender Trost für Sie sein, wenn das Ihren religiösen Überzeugungen entspricht, doch das Kind denkt vielleicht, Gott komme demnächst auf die Idee, Sie oder es selbst zu sich zu holen.

Der Tod von Haustieren oder der Tod fremder Menschen gibt Ihnen Gelegenheit, über dieses Thema mit dem Kind zu sprechen. Wenn Sie darüber ohne die emotionale Belastung Ihrer eigenen Trauer sprechen, erleichtern Sie dem Kind damit

vermutlich das Verständnis für den Tod eines Familienmitglieds.

Es gibt auch einige empfehlenswerte Bücher, die Sie zu Hilfe
nehmen können, um einem Kind einen Todesfall begreiflich zu
machen. Fragen Sie in Ihrer Buchhandlung danach. Mich
haben folgende Bücher beeindruckt:

Mit Kindern über den Tod sprechen von Earl A. Grollman.
Aus dem Leben von Freddie, dem Blatt von Leo Buscaglia.

Wenn Sie den Eindruck haben, daß Ihr Kind von einem Todesfall in der Familie zu sehr bestürzt ist, suchen Sie einen Kin-
derpsychologen auf. Der Direktor Ihres Bestattungsinstituts
oder Ihr Priester kann Ihnen Adressen geben.

Reaktionen auf Scheidung

Der Tod eines Familienmitgliedes ist nicht der einzige Verlust,
der Trauer und Schmerz nach sich zieht. Was tun Sie, wenn Sie
das Wort *Scheidung* betrifft? Der Schock, den diese Eröffnung
auslösen kann, ist vielfach nicht geringer als der Schock einer
Todesnachricht.

Angenommen, Sie führen eine relativ glückliche Ehe. Es
herrscht nicht immer eitel Sonnenschein, aber wo findet man
das schon? Eines Tages eröffnet Ihnen Ihr Ehepartner, daß er
oder sie sich scheiden lassen möchte.

Oder Sie sind seit mehreren Jahren in ihrer Ehegemeinschaft
unglücklich. Sie und Ihr Ehegefährte haben einfach nicht die-
selbe Wellenlänge. Der eine liebt Rot, der andere kann Rot
nicht ausstehen. Der eine kann ohne bestimmte Freunde nicht
leben, der andere findet diese Leute gräßlich.

Vielleicht haben Sie es wegen der Kinder so lange ›ausgehalten‹ oder vielleicht hofften Sie, daß die Dinge sich eines Tages
ändern würden. Jetzt ist es Ihnen unerträglich geworden, das
Spiel weiter mitzumachen. Sie haben all Ihren Mut zusammen-
genommen, sind zum Rechtsanwalt gegangen und haben die
Scheidung eingereicht. Heute abend werden Sie Ihren Ehepartner von Ihren Schritten in Kenntnis setzen.

Beide Situationen beschreiben einen wichtigen Verlust. Die

erste Frage in beiden Fällen lautet: »Was fange ich jetzt an?«

Wenn eine der beiden Situationen auf Sie zutrifft, müssen Sie wissen, daß in der Woche nach dem entscheidenden Schritt sich weitere Fragen stellen. Sie fragen sich vermutlich:

- *Tue ich das Richtige?*
- *Wieso ausgerechnet ich?*
- *Was werden unsere Freunde denken?*
- *Wie kann ich meiner Familie unter die Augen treten?*

Wir wollen uns einige Antworten näher ansehen.

Der Schock, den die Ankündigung einer bevorstehenden Scheidung auslöst, ist dem Schock einer Todesnachricht eines uns nahestehenden Menschen nicht unähnlich. Im Falle einer Scheidung ist nicht der Tod eines Menschen zu beklagen, sondern der Tod einer Beziehung und der Träume, die Sie an Ihrem Hochzeitstag hatten. Trotz der vielen Ehescheidungen, die in unserer Zeit stattfinden, habe ich nicht eine einzige Hochzeit vollzogen, in der Braut und Bräutigam etwas anderes erwarteten als eine Ehegemeinschaft, die ein Leben lang andauert.

Der Schock, zur Kenntnis nehmen zu müssen, daß Ihre Ehe gescheitert ist, gleicht in vieler Hinsicht dem Schock, den die Nachricht auslöst, daß Ihr Ehepartner gestorben ist. Manche Geschiedene haben mir sogar gestanden, für sie sei Scheidung in vieler Hinsicht schlimmer als der Tod!!

Sally sprach für viele Geschiedene, als sie sagte: »Wenn mein Mann gestorben wäre, hätte ich ihn wenigstens begraben können... Aber so wie die Dinge liegen, bleibt mir nichts anderes übrig, als meinen Stolz zu begraben. Als Witwe würden mich unsere Freunde bemitleiden. Als geschiedene Frau geben sie mir höchstens die Schuld an der Scheidung!«

Sich nach der Scheidung um sich selbst kümmern

Die ersten Wochen nach der Ankündigung einer Scheidung lege ich Ihnen sehr ans Herz, sich um die eigene Person zu kümmern. Ich empfehle Ihnen folgende Schritte:

1. Wie war Ihr Gesundheitszustand vor Ihrer Scheidung oder Trennung?

(Ja, es ist der gleiche Schritt wie nach einem Todesfall!) Wenn Sie in ärztlicher Behandlung sind oder Probleme mit dem Herzen haben oder an hohem Blutdruck leiden, suchen Sie unverzüglich einen Arzt auf.

2. Achten Sie auf Ihre Ernährung und Ihre Trinkgewohnheiten.

(Ja, auch dieser Schritt ist der gleiche wie bei einem Todesfall). Möglicherweise ist Ihnen danach zumute, Ihre Wut und Ihren emotionalen Aufruhr in Alkohol zu ertränken oder in Freßorgien zu ersticken. Der Wunsch ist verständlich, aber das Ergebnis würde Sie nicht weiterbringen. Ziehen Sie Anhang B als Anregung für eine gesunde Ernährung zu Rate.

3. Suchen Sie sich einen Gesprächspartner, mit dem Sie offen sprechen können.

Mehr als alles andere brauchen Sie jetzt einen verständnisvollen Zuhörer. Wenden Sie sich an jemand, der Ihnen zuhört, ohne Urteile zu fällen oder Ihnen ungebetene Ratschläge zu geben. Sie brauchen einen Menschen, der Ihnen wirkliche Zuneigung entgegenbringt. Wie im Todesfall ist es wichtig, darüber zu sprechen, wie es dazu kam. Haben Sie die Entscheidung getroffen? Oder hat Ihr Ehepartner Sie vor vollendete Tatsachen gestellt? Was geht in Ihnen vor? Darüber zu reden ist unendlich wichtig!

4. Machen Sie kein Geheimnis aus Ihrer Scheidung.

Klären Sie Ihre Familie, Freunde, Ihren Priester, Ihre Arbeitskollegen und Geschäftsfreunde sobald wie möglich über die Situation auf. Die Angst vor Zurückweisung durch andere ist meist schlimmer als die Realität.

Je früher Sie offen mit dem Geschehen umgehen können, um so besser. Es gibt keinen Grund, sich zu schämen. Wenn Familienmitglieder, Freunde oder Priester kein Verständnis aufbringen, haben diese Leute ein größeres Problem als Sie.

5. Messen Sie Ihren augenblicklichen Gefühlen keine dauerhafte Bedeutung zu.

Es wird Ihnen vermutlich nicht anders ergehen als anderen in Scheidung begriffenen Menschen. Ihre Emotionen bewegen sich auf der Skala zwischen Mut und Panik. Wenn der entscheidende Schritt zur Trennung von Ihnen getan wurde, erleben Sie danach vielleicht eine Phase höchster Euphorie. Trifft die Trennung Sie völlig überraschend, fühlen Sie sich betrogen und wie vom Schlag getroffen.

Versuchen Sie daran zu denken, daß Sie sich nicht immer so fühlen werden wie im Augenblick. Ihre euphorische Stimmung sinkt vielleicht irgendwann auf den Nullpunkt. Wenn Sie am Boden zerstört sind, werden Sie sich bald von dem Schlag erholen.

6. Holen Sie Rechtsbeistand und emotionale / spirituelle Hilfe

Beides muß geschehen, bevor Sie Entscheidungen treffen, die nicht zu widerrufen sind. Ich kann Ihnen nicht sagen, wie oft ich Zeuge geworden bin, daß Menschen sich unnötiges Leid aufgeladen haben, die nach flüchtigen Emotionen handelten, statt rechtlichen Beistand einzuholen.

Im umgekehrten Fall habe ich viele Menschen gesehen, die nach eingehender psychologischer und spiritueller Beratung eine Ehescheidung schadlos überstanden haben. Wenn Kinder von einer Scheidung betroffen sind, ist eine Fachberatung ein absolutes Muß.

Wie reagieren Sie auf andere Verluste?

Was tun Sie, wenn Sie den Satz hören: *Sie sind entlassen?* Oder die Worte *Krebs, Amputation, Ortswechsel, frühzeitige Pensionierung, Bankrott, Senilität, Versagen* oder ein anderes beliebiges Wort, das für Sie Verlust von Achtung, Liebe, familiärer Umgebung oder Sicherheit bedeutet?

Zweifellos treffen uns manche Verluste mehr als andere, aber jeder Verlust ist schmerzhaft.

Ihre Verlusterlebnisse sind wie die Seiten eines Tagebuches.

Kommt eine neue Seite hinzu, wird die Geschichte all Ihrer Verluste wieder aufgeblättert.

Wenn Sie bei einem Verlust gleich welcher Art folgende Maßnahmen berücksichtigen, werden Sie auf dem Weg durch Ihren Trauerprozeß bald wieder Ihr seelisches Gleichgewicht finden:

1. Nennen Sie Ihren Verlust beim Namen.

So mag beispielsweise im Falle eines Bankrotts der finanzielle Verlust weniger traumatisch sein als der Verlust Ihrer Selbstachtung.

Erstellen Sie eine Liste Ihrer Verluste. Wie wir wissen, besteht eine Verlusterfahrung meist nicht nur aus einem einzigen Verlust. Schreiben Sie die Gefühle auf, die Sie bei jedem Verlust haben und nehmen dabei die Wortliste in Anhang A zu Hilfe.

Welcher Verlust ruft die schmerzlichsten Gefühle hervor? Damit sollten Sie beginnen.

2. Erstellen Sie ein Gutachten über Ihre persönliche Befindlichkeit.

In welchem Zustand befinden Sie sich derzeit in körperlicher, emotionaler, geistiger und spiritueller Hinsicht?

Diese Aspekte Ihrer Persönlichkeit existieren nicht unabhängig voneinander. Ihre Einstellung bestimmt Ihre Emotionen, Ihre Emotionen wirken sich auf Ihr körperliches Befinden aus, Ihr körperliches Befinden wirkt sich sowohl auf Ihre Emotionen als auch auf Ihre Einstellung aus und Ihre spirituelle Anschauung beeinflußt jeden anderen Aspekt.

In welchem Bereich brauchen Sie Hilfe? Finden Sie die beste Form der Hilfe für jeden Bereich. Vielleicht brauchen Sie eine Beratung, möglicherweise aber auch nur ein paar Tage Ferien. Erforschen Sie genau, welche Art der Hilfe Sie brauchen.

3. Sprechen Sie über Ihren Verlust und Ihre Trauer.

Erzählen Sie jedem, der Ihnen zuhört, über Ihren Verlust. Erzählen Sie so vielen Menschen wie möglich davon. Scheuen Sie sich nicht, Ihre Reaktion beim richtigen Namen zu nennen: Sie heißt *Trauer*.

Machen Sie sich Notizen, mit wem Sie wann über Ihren Verlust gesprochen haben.

Nehmen Sie sich vor, in der ersten Woche jeden Tag wenigstens mit zwei Menschen über Ihren Verlust zu sprechen.

4. Suchen Sie sich eine Rückhaltgemeinschaft.
Sie brauchen Menschen, die Sie während der Dauer Ihrer Trauer begleiten, ob Ihre Trauer nun wenige Tage oder mehrere Jahre anhält.

Möglicherweise müssen Sie Ihre eigene Selbsthilfegruppe gründen. Wenn Sie einer Kirchengemeinde nahestehen, finden Sie dort Menschen, die Ihnen helfen. Ihre Religionsgemeinde verfügt entweder über eine Selbsthilfegruppe oder braucht eine solche. Sie können davon ausgehen, daß viele Menschen nur auf jemand warten, der die Initiative aufbringt, eine Selbsthilfegruppe zu gründen.

Wenn Sie keiner Kirchengemeinde angehören, können Sie eine Kirche suchen, in der eine solche Gruppe existiert oder in Ihrer Nachbarschaft, Ihrem Verein oder an Ihrem Arbeitsplatz nach Gleichgesinnten und Leidensgenossen suchen.

Verlust und Trauer sind universell verbreitete menschliche Erfahrungen. Sie können sicher sein, daß es in Ihrer Nähe Menschen gibt, die ebenso dringend Hilfe und Rückhalt brauchen wie Sie. Den Anfang zu machen ist oft sehr schwierig, wenn Sie noch stark mit Ihrer Trauer zu kämpfen haben. Aber Sie werden belohnt durch ein Rückhaltsystem, das Ihnen den Weg durch die Trauer erleichtert.

Der ohrenbetäubende Lärm der Stille

Einige Tage nach dem Tod eines lieben Menschen sind Sie umgeben von teilnahmsvollen Familienmitgliedern und Freunden. Doch bald ist der Zeitpunkt gekommen, an dem die Familie zu ihrem eigenen Leben zurückkehrt und Freunde keine Zeit finden, sie in Ihrer Trauer zu trösten.

Wenn Sie in Scheidung leben, sind Freunde und Familie zur Stelle, die sich bereitwillig Ihre Klagen anhören, Ihre Tränen trocknen – ein paar Wochen. Dann nehmen sie ihr gewohntes Leben wieder auf und erwarten von Ihnen, daß auch Sie das tun.

Zwei Wochen nach dem Tod ihres Ehemanns sagte Marjorie: »Einen Tag stehst du im Mittelpunkt der Anteilnahme und jeder kümmert sich um dich und versucht, dich in deinem Verlust zu trösten. Am nächsten Tag wachst du auf und alle sind weg. Du warst noch nie in deinem ganzen Leben so allein wie jetzt. Es ist so still und die Stille ist ohrenbetäubend.«

Marjories Schockzustand hatte etwa zu dem Zeitpunkt nachgelassen, an dem die Menschen, die ihr Rückhalt gaben, nach Hause zurückgekehrt waren.

Wir Seelsorger haben unsere Aufgabe verfehlt, wenn wir Hinterbliebene mit unserem Mitgefühl und unserer Fürsorge eine Woche lang überschütten – und dann verschwinden, wie der Morgennebel in der aufsteigenden Sonne. Menschen bis zur Trauerfeier zu begleiten ist gut. Doch erst nach dem Begräbnis beginnt die wirkliche Trauerarbeit – die drei Jahre oder länger andauert.

Sich auf die kommenden Wochen vorbereiten

Es fällt Ihnen vielleicht nach jedem Verlust sehr schwer, um Hilfe von außen zu bitten. Die Menschen sagen Ihnen, Sie sollen anrufen, wenn Sie Hilfe brauchen. Doch wenn Sie andere am dringendsten brauchen, kommt Ihnen der Gedanke, jemand anzurufen nicht in den Sinn! Sie fühlen sich einsam und verwirrt. Sie sehnen sich danach, daß jemand vorbeikommt und etwas für Sie tut, ohne daß Sie darum bitten müssen.

Doch meist kommt niemand. Das heißt nicht, daß Sie den Menschen gleichgültig geworden sind. Es bestätigt lediglich die Wahrheit, daß nur wenige Menschen Verlust und Trauer wirklich begreifen. Es ist Zeit für Sie, die Initiative zu ergreifen. Schreiben Sie folgende Informationen auf einen Notizblock, den Sie neben das Telefon legen:

1. Name und Telefonnummer Ihres Pfarrers, Pastors oder sonstigen Geistlichen.

Wenn Sie keinen regelmäßigen Kontakt zu einem Priester haben, schreiben Sie den Namen des Priesters auf, der die Trauerfeier abgehalten hat. Falls Ihnen das nicht passend erscheint, überlegen Sie, wer der emotional stabilste Mensch in Ihrer Umgebung ist. Schreiben Sie den Namen dieser Person auf.

Im Falle einer Scheidung verfahren Sie nach dem gleichen Prinzip. Überlegen Sie, wer aus Ihrer Umgebung geschieden ist und durch diese Erfahrung innerlich gewachsen ist.

Prüfen Sie die Verläßlichkeit dieser Hilfsquelle und rufen den Betreffenden an, *bevor* Sie ihn/sie brauchen. Fragen Sie, ob Sie im Falle einer Krise auch nachts anrufen können. Denken Sie daran, ein ›Nein‹ bedeutet nicht, daß man Sie zurückweist. Es bedeutet lediglich, daß der andere entweder überlastet, oder nicht fähig ist, mit Trauer umzugehen, oder einen anderen guten Grund hat, Ihnen diesen Dienst nicht erweisen zu können.

In meiner Kirchengemeinde gibt es etwa zweitausend Menschen, für die ich seelsorgerisch tätig bin. Es versteht sich von selbst, daß ich nicht immer für jeden zur Verfügung stehen kann. Gottlob habe ich zwei Kollegen und eine Gruppe von geschulten Laien, die mir helfen, die Bürde zu tragen. Und dennoch muß ich gelegentlich einen Bittsteller abweisen.

Wenn die erste Person, die Sie ausgewählt haben, Ihnen nicht helfen kann, rufen Sie eine zweite an. Sobald Sie mit einem Menschen Verbindung aufgenommen haben, der Ihnen Unterstützung verspricht, beachten Sie zwei Dinge:

● *Rufen Sie nie zu einer unpassenden Zeit an, es sei denn, Sie befinden sich in einer Krise, und...*
● *Zögern Sie nicht anzurufen, wenn Sie in Not sind.*

2. Notieren Sie Namen und Telefonnummern Ihres Arztes, auch seine Privatnummer sowie Adresse und Telefonnummer des nächstgelegenen Krankenhauses.

3. Notieren Sie Namen und Telefonnummern der Familienmitglieder, mit denen Sie offen sprechen können.

Das sind auch die Namen der Menschen, die Sie im Notfall verständigen.

Wenn Sie diese Informationen niederschreiben und in der Nähe Ihres Telefons sichtbar deponieren, haben Sie die Gewähr, daß Sie in einem Notfall oder in einem Zustand der Verwirrung nicht lange danach suchen müssen. Damit tun Sie außerdem einen ersten Schritt, um Ihr Leben wieder in Ordnung zu bringen.

Wenn Sie berufstätig sind, kehren Sie baldmöglichst wieder an Ihren Arbeitsplatz zurück. Sprechen Sie mit Ihrem Chef, Ihren Arbeitskollegen und allen, die davon unterrichtet werden sollen, darüber, daß Ihre Arbeitsleistung in den kommen Wochen oder Monaten möglicherweise nicht dem gewohnten Standard entsprechen wird. Versichern Sie Ihren Gesprächspartnern, daß Ihre Leistung sich wieder bessern wird – und glauben Sie selbst daran.

Sie stellen vermutlich auch fest, daß ein Tag relativ mühelos verläuft, und plötzlich werden Sie durch irgend etwas an die Unabänderlichkeit Ihres Verlustes und Ihrer Trauer erinnert. Sie fühlen sich außerstande, weiterzuarbeiten und müssen die Arbeit für kurze Zeit unterbrechen, bis Sie Ihre Fassung wiedererlangt haben.

Es ist nichts Ungewöhnliches, wenn Sie glauben, den Verstorbenen in einer Menschenmenge zu erspähen oder seine Stimme im Nebenzimmer zu hören. Eine Sendung im Radio oder Fernsehen kann schmerzliche Erinnerungen wachrufen. Ebenso ein Lied oder Gespräch mit Kollegen. Solche Vorkommnisse können wahre Sturzbäche von Tränen auslösen. Ihre Arbeitskollegen müssen begreifen, daß Sie nicht völlig durchdrehen, sondern daß Sie sich in Ihrem Trauerprozeß auf dem Weg der Besserung befinden.

In eine leere Wohnung oder ein leeres Haus heimzukommen, kann furchtbar sein. Oder Sie warten darauf, daß Ihr Ehemann zur gewohnten Zeit in die Garageneinfahrt einbiegt, bis Ihnen plötzlich klar wird, daß er nie wieder heimkommt.

Mütter verstorbener Kinder erleben die schlimmsten Stunden, wenn es Zeit ist, das Kind zu baden oder zur gewohnten Stunde zu Bett zu bringen, oder wenn andere Kinder von der Schule heimkommen.

Es fällt Ihnen möglicherweise schwer, das Haus zu verlassen.

Der Welt als Witwe oder als geschiedene Frau zu begegnen ist befremdlich und beängstigend.

Eine Witwe, die zu Lebezeiten ihres Mannes bereits zehn Jahre nicht mehr selbst Auto gefahren war, mußte nach seinem Tod wieder Fahrstunden nehmen. Sie hatte nicht nur Angst vor dem Straßenverkehr, sie dachte auch jedesmal daran, daß sie sich nur deshalb hinter das Steuer setzen mußte, weil ihr Mann nicht mehr lebte. Viele Monate lang wurde ihre Trauer wieder aufgewühlt, wenn sie hinter dem Steuer ihres Wagens saß.

Geschiedene erleben vielfach ähnliche Probleme wie Verwitwete, zu denen noch andere kommen. Verwitweten wird zumindest in den Anfängen ihrer Trauer Sympathie entgegengebracht, doch nur wenige Menschen erscheinen Anteil daran zu nehmen, wie schmerzlich eine Scheidung empfunden wird.

Ein geschiedener Ehemann ist meist gezwungen, in eine kleine Wohnung umzuziehen. Haushaltsführung, Kochen und Wäschewaschen können echte Probleme für ihn darstellen. Vom geschiedenen Mann erwartet man generell, er müsse glücklich über seine wiedergewonnene ›Freiheit‹ sein und könne es kaum erwarten, wieder den Hahn im Korb zu spielen.

In Wahrheit sind die meisten Männer, mit denen ich spreche, zutiefst verunsichert bei der Aussicht, sich wieder mit Frauen zu treffen.

Frauen mit kleinen Kindern stehen vor der mühsamen Aufgabe, alleinerziehende Mütter zu sein; sie bemühen sich, den Bedürfnissen ihrer Kinder ohne große Hilfe von außen nachzukommen. Eine Scheidung ist meist ein kostspieliges Unterfangen, das gemeinsame Haus muß verkauft werden, beide Eltern sind berufstätig, die Kinder werden in Tagesstätten untergebracht und der Lebensstandard muß in manchen Fällen drastisch herabgesetzt werden.

Es ist unmöglich, eine Liste aufzustellen, die alle Konflikte umfaßt, die auf Sie zukommen, wenn Sie einen schmerzlichen Verlust erleiden. Ich habe einige Probleme angeschnitten, die im Falle von Tod oder Scheidung auf Sie zukommen können. Ich könnte noch viele Seiten füllen mit den Problemen, die andere Verluste aufwerfen. Eine charmante junge Frau aus meinem Bekanntenkreis verlor ein Bein durch Krebs. Sie war eine brillante Sportlerin und mußte wieder gehen lernen. Später wurde ein Lungenflügel entfernt. Sie lebt in der ständigen Angst, daß der Krebs wieder zuschlägt.

Wie jeder Mensch, der Trauer erlebt, werden auch Sie mit Dingen konfrontiert, auf die Sie nicht vorbereitet sind. Es gibt Zeiten, in denen Sie denken, Sie seien der einzige Mensch, der diese Dinge zu bewältigen hat. Sie glauben, den Verstand zu verlieren und verrückt zu werden. Sie wünschten, Sie könnten weglaufen oder einfach sterben. Sie fühlen sich so einsam wie nie zuvor in Ihrem ganzen Leben.

Nehmen Sie sich bitte meine Worte zu Herzen:

Sie sind völlig normal! Das Geschehene ist nicht ungewöhnlich. Sie befinden sich auf dem beschwerlichen Weg durch Ihren Trauerprozeß. Es ist wichtig, daß Sie sich Ihrem Schmerz stellen. Ihre Trauer wird einen Abschluß finden. Sie werden wieder gesund.

Kapitel 7

Jetzt ist die Zeit, anzufangen
Kein anderer kann es für Sie tun

An der Pinnwand über meinem Schreibtisch hängt folgendes Zitat eines unbekannten Verfassers:

Es gibt kein anderes Jetzt –
Ich mache das Beste aus dem Heute.
Es gibt kein anderes Ich –
Ich machte das Beste aus mir selbst.

Ein gutes Motto, um erfolgreiche Trauerarbeit zu verrichten. Die einzige Zeit, die Sie haben, um sich durch Ihre Verluste zu arbeiten, ist heute. Morgen wird kein besserer Tag sein, um Ihre Aufgabe zu bewältigen. Der einzige Mensch, der die Reise durch Ihre Trauer antreten kann, sind Sie. Erst wenn Sie diese Reise antreten, werden Sie feststellen, daß Sie dieser Aufgabe gewachsen sind.

Trauerarbeit ist in mancher Hinsicht mit der Liebe zu vergleichen – darüber reden bringt einen nicht viel weiter – man muß es schließlich tun.

Zugegeben, Trauer ist nichts Angenehmes. Wenn Sie sich jedoch Strategien im Umgang mit Ihrem Trauerprozeß aneignen, können Sie aus Ihren Verlusten mit einem erhebenden Gefühl innerer Bereicherung hervorgehen.

Jetzt ist der Augenblick gekommen, um mit Ihrer Trauerarbeit zu beginnen. Wenn Sie einen großen Verlust erlitten haben, nützt es Ihnen nichts, auf den Tag zu warten, an dem Sie sich besser fühlen.

Das Risiko für Ihre Gesundheit und Ihre Lebensfreude sind ein zu hoher Preis, um diese wichtige Aufgabe hinauszuschieben.

Hilfreiche Übungen

Dieses Buch enthält Übungen, die Ihnen helfen, Verluste gleich welcher Art in Ihrem Leben zu bewältigen. Jede Übung enthält eine Aufgabe, die einen speziellen Schritt des Trauerprozesses erfaßt.

Nicht alle Übungen sind für Sie zu jeder Zeit angebracht. Doch alle verdienen Ihre Beachtung.

Andererseits lassen sich Übungen für den Umgang mit Trauer nach einer Scheidung auf andere Verluste übertragen. Übungen, die sich auf den Tod beziehen, lassen sich mit kleinen Abwandlungen auf Scheidung oder Ortswechsel anwenden. Wenn ein in der Übung angesprochener Verlust nicht Ihrer Erfahrung entspricht, besteht die Möglichkeit, die Übung auf jemand aus Ihrem Bekanntenkreis anzuwenden, der Ihr Verständnis und Ihre Hilfe braucht.

Wichtig ist die Erkenntnis, daß Ihr Trauerprozeß sich nicht in einem ordentlichen, genau definierten Ablauf vollzieht. Ein Konflikt, der drei Monate nach einem Todesfall abgeschlossen zu sein scheint, kommt häufig später wieder zum Vorschein. Eine solche Erfahrung ist kein Rückfall, sondern ein völlig normaler Verlauf der Trauer.

Wichtig ist, daß Sie sich Ihrem Verlust stellen und sich durch Ihre Trauer arbeiten. Sie sind vielleicht versucht, einen neuerlichen Versuch zu starten, dem Schmerz aus dem Weg zu gehen oder sich zu verschließen und passiv abzuwarten. Keiner dieser Ansätze würde zum Erfolg führen.

Die Durchführung der Übungen hilft Ihnen, Ihre Trauerarbeit fortzusetzen, da der einzige Weg aus der Trauer durch sie hindurch führt.

Vier Schlüsselfaktoren der Trauerarbeit

Als Einführung in die Übungen wiederholen Sie die vier Schlüsselfaktoren über Trauerarbeit aus Kapitel 5. Rufen Sie sich diese fünf Faktoren so oft wie möglich ins Gedächtnis zurück, bis sie Ihnen in Fleisch und Blut übergegangen sind:

- *Der Weg aus der Trauer führt durch sie hindurch.*
- *Die schlimmste Trauer ist die, die ich ertragen muß.*
- *Trauer ist Schwerarbeit.*
- *Trauerarbeit kann nicht allein erfolgreich bewältigt werden.*

Es ist unerläßlich, diese Schlüsselfaktoren der Trauerarbeit zu erfassen und zu akzeptieren, wenn Sie nach einem schmerzlichen Verlust wieder ein glückliches, sinnvolles Leben führen wollen.

Ein Überblick über Ihre jüngste Vergangenheit

Diese Übung ist für alle Menschen gedacht. Sie hilft Ihnen, Verlusterfahrungen zu erkennen, die zu der Zeit, als sie eintraten, unbedeutend erschienen, sich jedoch bis heute negativ auf Ihr Wohlbefinden auswirken können.

Bitte beantworten Sie die Fragen in der Reihenfolge, in der sie gestellt werden. Beantworten Sie alle Fragen, bevor Sie zu den Anweisungen übergehen, die den Fragen folgen.

A: Notieren Sie die wichtigsten Veränderungen in den letzten *zwei Jahren* Ihres Lebens. Dazu gehören auch positive Veränderungen wie berufliche Beförderungen, ein neues Haus, eine Eheschließung (oder die Heirat eines Kindes), Pensionierung oder ein College-Abschluß. Negative Veränderungen sind ein Todesfall in der Familie, Scheidung, Arbeitslosigkeit, Operation, Umzug aus einer vertrauten Umgebung oder finanzielle Einbußen.

B: Zeichnen Sie Ihre Gemütsverfassung im letzten Jahr auf. Glücklich (zufrieden), mittel (einige Hochs und Tiefs), traurig (deprimiert, unzufrieden).

	Jan Feb Mär Apr Mai Jun Jul Aug Sep Okt Nov Dez
Glücklich	
Mittel	
Traurig	

C: Welche körperlichen Beschwernisse haben Sie in den letzten 18 Monaten erlebt?

D: Beschreiben Sie Ihre augenblickliche Lebenseinstellung in Begriffen von:

- *Farbe*
- *Geschmack*
- *Geruch*
- *Berührung*
- *Geräusch*

E: Wenn Sie in diesem Augenblick etwas in Ihrem Leben ändern könnten, was würde das sein? (Schildern Sie den Sachverhalt so, wie Sie ihn wahrnehmen und formulieren Sie die gewünschte Veränderung möglichst präzise.)

Nachdem Sie alle Fragen beantwortet haben, lesen Sie Ihre Antworten noch einmal durch. Fragen Sie sich bei der Prüfung Ihrer Antworten:

1. Welche Verluste habe ich im Zusammenhang mit jeder der genannten großen Veränderungen erlitten?

2. Welcher dieser Verluste wirkt sich weiterhin noch stark auf mein Leben aus? Welche Gefühle überkommen mich, wenn ich an diesen Verlust denke?

   Nehmen Sie die Wortliste der Gefühle in Anhang A zu Hilfe, um Ihre Gefühle zu benennen.

3. Prüfen Sie die Tabelle Ihrer Gemütsverfassung während des letzten Jahres. Besteht eine Wechselbeziehung zwischen Ihren Stimmungen zur angegebenen Zeit und einem Verlust, den Sie erlitten haben?

   Denken Sie an die traurigste Ihrer Stimmungen und versuchen Sie, sich daran zu erinnern, was zum gegebenen Zeitpunkt vorgefallen ist.

   Nennen Sie Ihre Verluste bei jeder dieser Erfahrungen und beschreiben Sie Ihre damit verbundenen Gefühle.

4. Was geschah in Zeiten Ihrer glücklichsten Stimmungen? Welche Gefühle fallen Ihnen zu dieser Erfahrung ein? In welcher Hinsicht hatten Sie zum gegebenen Zeitpunkt Ihr Schicksal in der Hand?

5. Nehmen Sie die Liste Ihrer körperlichen Beschwernisse zur Hand.

Besteht eine Wechselbeziehung zwischen diesen Störungen und den genannten Verlusterfahrungen?

Geben Sie die ungefähre Zeit an, zu der Ihre körperlichen Symptome auftraten. Gehen Sie gedanklich sechs Monate, neun Monate, ein Jahr, 18 Monate und zwei Jahre zurück.

Was geschah in Ihrem Leben während jeder dieser Zeitspannen? Haben Sie in dieser Zeit Verluste erlitten? Welche?

6. Hindern Ihre körperlichen Probleme Sie daran, Dinge zu tun, die Sie gern tun würden?

Wenn ja, beschreiben Sie die Dinge, die Sie gern tun würden. Welche Verlustgefühle empfinden Sie dabei, diese Dinge nicht tun zu können?

7. Betrachten Sie die Begriffe, mit denen Sie Ihre derzeitige Lebenseinstellung beschreiben. Gefallen Ihnen diese Bilder?

- *Ist die Farbe Ihre Lieblingsfarbe?*
- *Ist der Geschmack etwas zu essen, das Ihnen schmeckt?*
- *Ist der Geruch angenehm?*
- *Ist die Berührung angenehm?*
- *Hören Sie das Geräusch gern?*

Wie beurteilen Sie Ihre jeweiligen Antworten? Lassen sie auf eine positive oder negative Lebenseinstellung schließen?

Wenn Ihre Lebenseinstellung eher negativ als positiv ist, fragen Sie sich: Welchen Verlust habe ich vor kurzem erlitten? Würde meine Lebenseinstellung positiver sein, wenn ich diesen Verlust rückgängig machen könnte?

8. Denken Sie an das, was Sie in Ihrem Leben am liebsten verändern würden. Ist diese Veränderung in die Realität umzusetzen?

Sie können einen geliebten Verstorbenen, einen geschiedenen Partner, der wieder verheiratet ist, ein amputiertes Bein oder ein Organ, das in einem chirurgischen Eingriff entfernt wurde, oder eine besonders schöne Zeit in Ihrem

Leben nicht zurückbekommen. Alle anderen Verluste lassen sich bewältigen, ungeachtet, wie unwahrscheinlich diese Bewältigung auch sein mag.

9. Ist eine wünschenswerte Veränderung unmöglich, müssen Sie sich einen Weg durch Ihre Trauer bahnen. Identifizieren Sie den Grund Ihrer Trauer. Versuchen Sie nicht, sich selbst zu betrügen und nennen Sie keinen Verlust, weil er Ihnen angebracht erscheint. Wenn Ihnen beispielsweise bei einer Scheidung nicht der Verlust Ihres Ehepartners Schmerzen bereitet, sondern der Verlust Ihrer Kinder oder Ihrer Selbstachtung, gestehen Sie sich das ein und richten Ihre Trauer auf diesen Verlust.

10. Wenn die gewünschte Veränderung möglich ist, fragen Sie sich:

- *Warum habe ich diese Veränderung nicht bereits vorgenommen?*
- *Was hält mich zurück?*
- *Erfordert die Veränderung die Teilnahme eines anderen Menschen? Wer ist das?*
- *Haben Sie mit diesem Menschen darüber gesprochen?*
- *Sie wissen, daß für jede Veränderung ein Preis zu bezahlen ist. Wie hoch liegt der Preis für die Veränderung, die Sie vornehmen möchten? Sind Sie bereit, diesen Preis zu bezahlen?*

Darüber reden

Um den größten Nutzen aus vorgenannter Übung zu ziehen, arbeiten Sie die Fragen zunächst sorgsam alleine durch und teilen dann die Ergebnisse einem Menschen Ihres Vertrauens, einem Familienmitglied, einem Berater oder Priester mit. Der simple Akt, über Ihre Verluste und Ihre Gefühle zu sprechen, ist ein wichtiger Schritt zur Gesundung.

Ihr Verlust mag so unerheblich sein, daß es Ihnen peinlich ist, Wirbel darum zu machen. Denken Sie in diesem Fall an den zweiten Hauptfaktor der Trauerarbeit: Der schlimmste Verlust ist der, den *Sie* ertragen müssen.

Es ist wichtig für Sie, jeder Wechselbeziehung zwischen Ihren körperlichen Beschwernissen und dem Zeitpunkt Ihres Verlustes besondere Aufmerksamkeit zu schenken. Sie können eine Menge Zeit und Geld dafür aufwenden, körperliche Symptome zu behandeln und dennoch nie an die Wurzel des Übels vordringen, daß Ihre Krankheit auf Verlust und Trauer zurückzuführen ist. Wenn Sie den Verdacht haben, es könne eine Beziehung bestehen, brauchen Sie einen Psychologen, oder einen Arzt, der die Bezüge zwischen Trauer und Krankheit feststellen vermag.

Leitlinien zur Trauerarbeit

Sobald Sie Ihre Verluste erkannt haben, besteht der nächste Schritt darin, die Arbeit zur Wiederherstellung Ihres inneren Gleichgewichts zu beginnen. Die folgenden Leitlinien helfen Ihnen einen Anfang zu machen und Sie bei der Stange zu halten, wenn Ihnen die Aufgabe mühsam zu werden beginnt.

Glauben Sie daran, daß Ihre Trauer eine Ursache hat und einen Abschluß findet

Vertrauen Sie darauf, daß Sie sich durchboxen. Es ist nicht zu leugnen, daß Trauer eine Arbeit ist, die getan werden muß. Es ist ebenso eine Tatsache, daß diese Arbeit einen Abschluß hat. In den Anfängen kann ich Sie nur bitten, mir Glauben zu schenken. Sie denken vermutlich, Ihre Traurigkeit wird ewig dauern. Das tut sie nicht. Das wird Ihnen später klar, wenn Sie die Ratschläge befolgen, die ich Ihnen gebe.

An früherer Stelle habe ich Trauerarbeit mit Geschirrspülen verglichen. Sobald Sie das Geschirr gespült haben, ist diese Arbeit erledigt, bis Sie dieses Geschirr wieder benutzen. Mit der Trauerarbeit verhält es sich ähnlich. Sobald Sie die nötige Arbeit getan haben, um Ihr Gleichgewicht wiederzufinden, ist sie erledigt, bis Sie den nächsten Verlust erleiden. Je mehr Sie über Trauer wissen, desto besser können Sie damit umgehen.

Niemand nimmt sich vor, gut zu trauern. Wir befürchten fast, wenn bekannt wird, daß wir Wege kennen, wie Trauer zu bewältigen ist, etwas Schreckliches geschieht. Wir würden viel lieber ganz ohne die Erfahrung von Trauer leben. Doch so funktioniert das Leben nicht. Da Ihnen Verluste auf keinen Fall erspart bleiben, müssen Sie wissen, daß Ihre Trauer einen Zweck erfüllt.

Wenn Ihre Lebenseinstellung optimistisch und gesund ist, haben Sie eine grundsätzlich positive Einstellung zum Leben. Wenn Sie einen schmerzlichen Verlust ertragen müssen, wird dieses Grundvertrauen erschüttert. Sie fragen, ob das Leben nicht im Grunde genommen chaotisch und ungerecht sei. Um die Wahrheit zu sagen, meist ist es das auch!

Kurz nach unserer Eheschließung erwachten meine Frau und ich mitten in der Nacht in unserer Wohnung im dritten Stock eines Mietshauses in Kalifornien durch die Erschütterungen eines mittleren Erdbebens. Das ganze Zimmer schwankte. Starker Schwindel befiel uns, wir waren völlig verwirrt und zu Tode erschrocken. Vernünftigerweise hätten wir den Raum sofort verlassen und uns in ein tieferes Stockwerk oder ins Freie begeben müssen, falls das Gebäude eingestürzt wäre. Statt dessen waren wir vor Angst wie gelähmt und wagten uns nicht von der Stelle zu rühren. Wie blieben regungslos liegen, hielten einander umklammert, bis das Beben vorüber war.

Wenn wir einen großen Verlust erleiden, wird unsere Realität und Sicherheit in vergleichbarer Weise erschüttert. Wenn Sie sich von Angst und Mißtrauen lähmen lassen, gewinnen Sie Ihr Gleichgewicht nicht wieder zurück. Aber es fällt schwer, sich in Bewegung zu setzen. Sie müssen daran glauben, daß alles, was geschieht, einen Sinn hat.

Ich will damit nicht sagen, daß Ihr Verlust Ihnen von einer höheren Macht bewußt auferlegt wurde. Wenn Sie nämlich glauben, Ihr Verlust geschah, um Ihnen eine Lehre zu erteilen oder um Sie zu bestrafen, fällt Ihnen die Arbeit durch den Schmerz Ihrer Trauer noch schwerer. Besser ist es, die Tatsache zu akzeptieren, daß uns und unsere Lieben Schicksalsschläge treffen. Tragödien geschehen einfach. Zu unserem Dasein gehören nun einmal zwangsläufig Verlust und Trauer.

Die Frage, die ich am häufigsten von Hinterbliebenen höre, lautet: »Was habe ich falsch gemacht? Ist das eine Strafe?« Zunächst eine verständliche Frage, die zugleich töricht ist und auf die es nur eine Antwort gibt, nämlich ein klares ›Nein‹. Böses widerfährt schlechten *und* guten Menschen. Verlust und Trauer werden weder Ihnen noch anderen vorsätzlich auferlegt. Sie geschehen, weil wir in einer sterblichen und unvollkommenen Welt leben.

Sie können nur dann an Verlusten wachsen, wenn Sie lernen, daß ein Verlust nicht zwangsläufig Ihre Lebensqualität verschlechtern muß.

Sie tragen die Verantwortung für Ihren Trauerprozeß

Viele erfolgreiche Menschen leben nach folgendem Motto:
Es liegt an mir, Dinge in Gang zu setzen.
Das ist ein großes Motto für Ihre Trauerarbeit!
Niemand kann Ihnen Ihre Trauer abnehmen. Niemand kann Ihre Entscheidungen treffen, Ihre Gefühle haben oder Ihre Tränen weinen, die nötig sind, um einen großen Verlust zu bewältigen. Das ist einer der Gründe, warum es für Sie so wichtig ist, Trauer nicht als Krankheit zu sehen, sondern als schwere Arbeit, die Sie durchführen müssen.

Sie werden feststellen, daß es Ihnen dann am schwersten fällt, die Verantwortung für Ihre Trauer zu tragen, wenn die Depression zuschlägt. Wenn Ihre Traurigkeit von Erschöpfung und Antriebslosigkeit begleitet ist und wenn die Dinge, die Ihnen normalerweise Spaß machen, Sie nicht mehr interessieren, fällt es Ihnen schwer, für irgend etwas Verantwortung zu tragen.

Die Depression kann so stark sein, daß Sie Medikamente einnehmen müssen. Wenn der Zustand zu lange anhält, ist möglicherweise sogar ein Klinikaufenthalt nötig. Doch selbst dann liegt es letztlich an Ihnen, ob Sie den Willen aufbringen, sich von Ihrer Depression zu befreien.

Depression ist eine Form der Ruhephase im Trauerprozeß. Stellen Sie sich vor, Sie arbeiten mit Hanteln. Sie heben die

Hanteln einmal, zweimal oder zehnmal hoch. Irgendwann kommt der Punkt, an dem das Gewicht für Ihre geschwächten Muskeln zu schwer geworden ist; Sie können die Hanteln kein weiteres Mal heben. Es bleibt Ihnen nichts anderes übrig, als eine Pause einzulegen, bevor Sie das Training fortsetzen können.

Es ist wichtig zu wissen, wann Sie Entspannung brauchen und sich von Ihrer Trauerarbeit ausruhen müssen.

Es ist aber auch wichtig, daß Sie Ihre Trauerarbeit nicht zu früh einstellen. Wenn Sie eine Ruhepause einlegen, müssen Sie auch planen, die Arbeit irgendwann wieder aufzunehmen.

Während des ganzen Verlaufs Ihrer Trauerarbeit tun Sie gut daran, die Verantwortung bis zu ihrem Abschluß zu tragen.

Scheuen Sie sich nicht, um Hilfe zu bitten

Hilfe von außen zu erbitten heißt nicht, die Verantwortung für die eigene Trauer auf andere abzuwälzen; dem geht lediglich die Erkenntnis voraus, daß der Versuch, sich an den eigenen Haaren aus dem Sumpf zu ziehen, nur mit Schmerzen verbunden ist und sonst gar nichts bewirkt!

Denken Sie an einen der Schlüsselfaktoren der Trauer: Trauerarbeit kann nicht allein erfolgreich durchgeführt werden. Sie brauchen andere, die Ihnen auf Ihrem steinigen Pfad durch die Trauer und Depression nach einem großen Verlust beistehen.

Das wichtigste unserer Trauer-Hilfsprogramme sind nicht die wöchentlichen Sitzungen in meinem Büro, es ist vielmehr der Rückhalt, den die Teilnehmer einander zwischen den Sitzungen geben. Wir händigen jedem eine Adressenliste der Gruppe aus. Die Namen der Männer und Frauen auf der Liste, die sich einverstanden erklären, anderen in Krisensituationen zur Verfügung zu stehen, sind mit einem Sternchen gekennzeichnet. Sie werden häufig von anderen Teilnehmern der Gruppe kontaktiert.

Die Gewißheit zu haben, daß jemand erreichbar ist, der die Trauer eines anderen versteht, ist ausschlaggebend dafür, daß unser Programm funktioniert. Manchmal sind es die ganz einfachen Dinge, die zählen. Zwei unserer älteren Witwen fühlten sich zur Abendessenszeit besonders einsam. Keine der beiden Frauen aß ordentlich oder regelmäßig.

Eine der Frauen fährt noch kurze Strecken mit dem Wagen, die andere nicht. Ich stellte den Kontakt zwischen den beiden her. Die Autofahrerin holte die andere regelmäßig zu einem gemeinsamen Abendessen mit dem Wagen ab, wobei sie eine von mir festgelegte Fahrroute abseits der Hauptverkehrswege benutzte. Schon nach wenigen Wochen stellte ich einen deutlichen Anstieg der Energie und eine optimistischere Lebenseinstellung bei beiden Frauen fest.

Scheuen Sie sich nicht, um Hilfe zu bitten, wobei es wichtig ist, daß der Mensch, den Sie darum bitten, den Prozeß Ihrer Trauer nachvollziehen kann. Den besten Rückhalt erhalten Sie von Leidensgenossen, die ihre eigenen Verluste verarbeiten. Wenn Menschen sich in einer Atmosphäre der Geborgenheit über ihre Nöte aussprechen können, nehmen sie die Gelegenheit wahr.

Wenn Sie Ausschau halten nach anderen, die sich wie Sie durch Verlust und Trauer arbeiten wollen, werden Sie diese Menschen finden. Und wenn Sie einen Leiter für eine Gruppe finden, der auf dem Gebiet von Trauer und Verlust geschult ist, um so besser. Wenn nicht, gründen Sie selbst eine Selbsthilfegruppe und benutzen Sie dieses Buch als Leitfaden. In Anhang C finden Sie Anleitungen, wie Sie eine Selbsthilfegruppe bilden und wie Sie die ersten 12 Sitzungen gestalten können.

Übereilen Sie nichts

Ich bin nicht sonderlich berühmt für meine Geduld. Eine meiner lieben Freundinnen, eine 80jährige Witwe, die mich nach dem Tod ihres Ehemanns ›adoptierte‹, nennt mich ›Hochwürden Rakete‹. Eine Anrede, unter der ich zusammenzucke, weil sie genau ins Schwarze trifft. Ich denke immer, alles hätte eigentlich gestern erledigt werden müssen. Ich gehe schnell, ich rede schnell und ich esse schnell, wofür meine Frau mich kritisiert! Ich stehe immer unter Druck und könnte nicht anders leben.

Die größte Schwierigkeit beim Schreiben dieses Buches bestand darin, daß ich die Arbeit nicht vorantreiben konnte. Ich habe großes Verständnis für diejenigen unter Ihnen, denen es schwerfällt, mit ihrer Trauer geduldig zu sein. Doch trotz aller Sympathie muß ich Ihnen sagen:

Trauerarbeit kann nicht übereilt werden.

Es dauert mindestens zwei oder drei Jahre, um einen Todesfall oder eine Scheidung zu verarbeiten, mehr kann ich dazu nicht sagen!

Irene bemühte sich sehr, um den Tod ihres Ehemanns zu verkraften. Kurz nach seinem Tod sagte sie mir: »Bob, ich habe nicht die Absicht zuzulassen, daß meine Trauer von mir Besitz ergreift! Ich habe vor, sie mit allen Mitteln zu bekämpfen und alle Hilfe von außen in Anspruch zu nehmen, die ich bekommen kann. Vielleicht dauert es bei anderen zwei oder drei Jahre, bei mir gewiß nicht!«

Und sie kämpfte sich durch ihre Trauer. Irene versuchte nie, ihrer Trauer oder irgendeinem mit dem Verlust verbundenen Gefühl in irgendeiner Weise aus dem Weg zu gehen. Sie konnte in der Öffentlichkeit weinen. Sie engagierte sich stark, um anderen in der Gruppe beizustehen. Sie wandte sich um Hilfe an einen der besten Psychologen unserer Stadt. Irene ließ nichts unversucht, ließ nichts außer acht, um ihren Trauerprozeß durchzuarbeiten.

Doch als sie das Gefühl hatte, ihre Arbeit sei abgeschlossen, waren zwei Jahre und neun Monate vergangen.

Der Prozeß kann einfach nicht vorangetrieben werden. Er wird länger dauern, als Sie glauben ertragen zu können, aber Sie können und werden ihn durchstehen.

Manche Ihrer Freunde und Mitglieder Ihrer Familie werden Sie auf Ihrem Weg enttäuschen.

Trauer ist für einen Außenstehenden nahezu ebenso erschreckend, wie für den Trauernden. Um sich durch die Trauer zu arbeiten und Ihr Gleichgewicht wiederzuerlangen, brauchen Sie Geduld – viel Geduld – zunächst mit sich selbst und dann mit anderen.

Weitere Dinge, die es zu beachten gilt

Nachdem Sie den Fragenkatalog zu Beginn dieses Kapitels durchgearbeitet haben, gehen Sie ihn mit mindestens zwei Menschen durch.

Schreiben Sie jede der vier folgenden Aussagen auf eine Karte.

Beschäftigen Sie sich jeden Tag mit einer davon.

Auf der Rückseite jeder Karte schreiben Sie auf, welche Bedeutung die Aussage für Ihre Trauererfahrung hat.

Teilen Sie diese Ansichten vier verschiedenen Menschen mit.

Hier die Aussagen:

- *Ich bin überzeugt, daß meine Trauer einen Sinn hat und einen Abschluß findet.*
- *Ich bin für meine eigene Trauerarbeit verantwortlich.*
- *Ich scheue mich nicht, Hilfe von außen zu erbitten.*
- *Ich versuche nicht, meine Trauerarbeit zu beschleunigen.*

Kapitel 8

An Verlusten wachsen

Die große Prüfung des Lebens bestehen

Wir alle wissen, daß Trauer etwas mit Verlust zu tun hat. Wir müssen aber auch wissen, daß sie etwas mit Wachstum zu tun hat.

Sie werden sich nicht immer so fühlen, wie in den ersten Wochen oder Monaten nach einem Todesfall, einer Scheidung oder einem anderen großen Verlust. Sie befürchten, die Trauer und Leere werde für immer anhalten. Sie glauben, daß Sie nie wieder lachen können. Doch die Traurigkeit wird gehen und Ihr Lachen wird zurückkehren.

Wenn Sie sich bemühen, kann Ihre Trauer eine Zeit des Wachstums werden. Sie können wieder voll am Leben teilnehmen. Der Weg aus der Trauer ist kein gemächlich und stetig ansteigender Weg. Der Weg ist steinig und beschwerlich.

Sie müssen wissen, daß manche Beschwernisse sich erst nach Monaten, möglicherweise erst nach einem Jahr oder später einstellen. Beherzigen Sie auch hier die Tatsache: zu wissen, was Sie erwartet, hilft Ihnen zu vermeiden, zu streng mit sich selbst umzugehen. Hüten Sie sich vor Denkweisen, wie: »Ich bin der einzige Mensch, der sich so fühlt.«

Wenn Sie verwitwet oder geschieden sind, erreichen Sie vielleicht sechs Monate nach Ihrem Verlust einen Punkt, an dem Sie sich besser fühlen. Ihr Leben verläuft wieder normaler – Sie schlafen besser, essen wieder regelmäßiger und sind Alltagsaufgaben wieder gewachsen. Die Tage verlaufen wieder einigermaßen geregelt. Dann plötzlich trifft Sie etwas wie ein Keulenschlag. Sie hören ein Musikstück im Radio, oder Sie sehen jemand auf der Straße, der eine verblüffende Ähnlichkeit mit Ihrem verstorbenen Ehepartner aufweist. Oder Sie hören, daß Ihr geschiedener Partner sich wieder verheiratet.

Kurzum, es geschieht etwas, das Ihre mühsam erarbeitete innere Ausgeglichenheit wie ein Kartenhaus zusammenstürzen läßt.

Sofort denken Sie, es war alles umsonst und Sie stehen wieder verzweifelt dort, wo Sie zu Beginn waren. Das stimmt nicht. Sie werden nicht zurückgeworfen. Ihre Welt bricht nicht zusammen. Sie sind genau da, wo Sie hingehören.

Viele Menschen kennen dieses Gefühl. Eine Witwe sagte: »Ein Tiefpunkt zeigt dir bloß, wie weit nach oben du es bereits geschafft hast.« Sie müssen diese Störungen als Meilensteine sehen auf dem Weg zum erfolgreichen Abschluß Ihres Trauerprozesses und als Zeichen Ihres persönlichen Wachstums. Es sind keine Rückfälle, es sind Zeichen Ihres Vorwärtsschreitens. So etwas geschieht immer wieder.

Seit mehreren Jahren leite ich Trauer-Selbsthilfegruppen. Manche Leute schlossen sich erst 18 Monate nach dem Tod eines Ehepartners einer Gruppe an. »Ich dachte, ich hätte es geschafft, bis ich eines Tages wieder völlig am Boden war und glaubte, es fängt alles wieder von vorn an«, bekomme ich häufig zu hören. Vergessen Sie nicht, Trauer ist kein böses Wort. Sie ist nicht ein Gefühl, das Sie nicht haben sollten. Sie müssen nicht zu einem bestimmten Zeitpunkt eine bestimmte emotionale Entwicklung abgeschlossen haben.

Die unvermeidlichen Phasen emotionalen Aufruhrs sind sichere Zeichen dafür, daß Sie Fortschritte machen. Wenn Sie sich weiterhin Ihrer Trauer stellen und sich durch Ihren Verlust arbeiten, *sind* Sie am Ende ein stärkerer Mensch, als der, der Sie zu Beginn waren.

Eine der Übungen, die Sie in einem späteren Kapitel finden, soll Ihnen klar machen, daß der Umgang mit Trauer erlernbar ist. In dieser Übung personifizieren Sie Ihre Trauer um den Verlust und schreiben einen Brief, der mit den Worten beginnt ›Liebe Trauer‹. In diesem Brief schreiben Sie alles, was Sie Ihrer Trauer ins Gesicht sagen würden, wenn sie eine Person wäre.

Die Übung setzt sich fort in einem zweiten Brief, der 24 Stunden später zu schreiben ist. Dieser Brief ist von Ihrer Trauer an Sie gerichtet und enthält die Gedanken, die Ihre Trauer Ihnen mitzuteilen versucht.

Mit dieser einfachen Handlung des Briefeschreibens habe ich erstaunliche Heilprozesse und Wachstum in Gang kommen gesehen.

Vier Monate nach dem Tod Ihres Ehemanns schrieb Irene folgenden Brief:

Liebe Trauer,

Du bist ein Schuft. Du nimmst mir meine Energie, mein Organisationstalent, meinen Verstand und verwirrst mich völlig. Natürlich war ich darauf gefaßt, zu trauern und auch darauf, daß ich unter dem Verlust meines Ehemannes lange, lange Zeit leiden werde. Ich war nicht vorbereitet auf meine Trägheit, meinen Energiemangel und den Streß.

Ich bin ungeduldig geworden. Du nimmst mich so sehr in Anspruch, dabei muß ich funktionieren. Ich verstehe nicht, warum Du das tust.

Zugegeben, Du hast mir auch Gutes getan. Ich bin mitfühlender, verständnisvoller, toleranter geworden. Du hast mir neue Wege eröffnet zu dienen, und Gott wird mich auf diesen Wegen führen. Zu einem späteren Zeitpunkt kann ich vielleicht anders über Dich denken, aber im Augenblick zählst Du nicht zu meinen besten Freunden. Aber durch Dich bin ich auch zu einem stärkeren Menschen geworden – das darf ich nicht vergessen.

Herzlichst, Irene

Einen Tag später schrieb sie als ihre Trauer folgenden Brief:

Liebe Irene,

Es tut mir leid, daß ich Dir so viel Schmerz bereite. Weißt Du noch, was der Pastor beim Begräbnis sagte? »Trauer ist die edelste aller Emotionen.« Sie ist wirklich das letzte Geschenk der Liebe, das Du Deinem Ehemann geben kannst. Erlebe Deine Trauer also auf normale Weise. Lasse Deinen eigenen Zeitrahmen zu. Ich weiß, daß Du hart daran arbeitest, diese Phase Deines Lebens zu bewältigen. Das ist lobenswert. Aber ich möchte auch sagen »Laß los und überlaß es Gott«. Lege die Dinge in Gottes Hand. Schlag die Bibel auf und lies Verse über den Tod, denn daraus schöpfst Du Kraft und Hoffnung.

Nutze deine Zeit klüger. Schlafe Dich ein- bis zweimal in der Woche ordentlich aus. Es wird Dir gut tun. Bald wird Deine Energie zurückkehren. Du wirst auch die überflüssigen Pfunde abnehmen, worum Du Dich schon lange bemühst. Du wirst Dich leichter und beschwingter fühlen. Du wirst Dich wunderbar fühlen.

Ich bin Deine Freundin. Ich gehöre zu Deinem Leben. Ich erfülle einen Zweck. Du wirst es sehen.

Herzlichst, Deine Trauer

Die Haltung, die Irene in diesen Briefen ihrer Trauer gegenüber einnahm, stellte den Schlüssel zu ihrer Rückkehr in ein erfülltes und produktives Leben dar. Sie hat ihren Lebenswillen und ihre Energie wiedergefunden. Sie ist positiv, mitteilsam und gesund. Irene hat einen furchtbaren Verlust erfolgreich durchgearbeitet. Heute gibt sie vielen Menschen, die ähnliche Verluste erlitten haben, große Kraft.

Eines Sonntags nach dem Gottesdienst nahm Irene meinen Arm und sagte: »Ich muß es Ihnen sagen. Es tut nicht mehr weh. Ich kann die Erinnerungen an unser gemeinsames Leben genießen, ohne daß ich vor Schmerz über seinen Verlust glaube zugrunde zu gehen. Ich kann mein Leben wieder voll genießen.«

Ich werde diesen Augenblick und den Glanz in Irenes Augen in meinem ganzen Leben nicht vergessen. Dieses Bild wird meine Hoffnung bestärken, wenn meine nächste Trauererfahrung auf mich zukommt.

Trauer ist stets mit Verlust verbunden. Menschen wie Irene haben mir die Augen dafür geöffnet, daß Trauer auch inneres Wachstum und Bereicherung bringt. Irenes Wachstum wird auch Ihnen zuteil, wenn Sie sich durch Ihre Verluste arbeiten.

Ich begann den Bezug zwischen Trauer und Wachstum zu begreifen, als ich anfing, mich regelmäßig mit einer Gruppe Hinterbliebener zu treffen. Aus ihren Gesprächen über die Vielschichtigkeit ihrer Trauererfahrung spürte ich einiges von der Tiefe ihrer Trauer.

Da war aber noch etwas anderes. Ich sah, wie diese Menschen gemeinsam über ihre Vergeßlichkeit unter der Belastung ihrer Trauer lachen konnten. Ich sah, wie einer nach dem anderen neue Techniken, Talente und Mitgefühl entwickelte. Es entstand ein starkes Gefühl der Gemeinsamkeit zwischen diesen Menschen, als sie ihre Erfahrungen miteinander austauschten. »Ich wußte nicht, daß andere so etwas auch erleben« wurde zum wöchentlichen Motto der Gruppe.

Eine Witwe nahm ihr Studium wieder auf und ist heute in dem Beruf tätig, den sie sich immer erträumt hatte, auf den sie jedoch als Ehe- und Hausfrau verzichten mußte.

Ein Mann, der nicht einmal fähig war, ›Wasser zum Kochen zu bringen‹, nahm nach dem Tod seiner Ehefrau an einem Kochkurs teil. Heute bereitet er für Freunde exquisite Menüs zu.

Viele Menschen erkannten, daß sie handwerkliche Fähigkeiten hatten, die sie vor dem Tod ihres Ehepartners nie für möglich gehalten hatten. Die ganze Gruppe war von dem Gedanken beseelt, daß das Leben jedem einzelnen von ihnen eine große Prüfung auferlegt hatte, und jeder war fähig, diese Prüfung zu bestehen!

Die Bedeutung von Wachstum durch Verlust:

- *Wachstum bedeutet, das Leben von neuem zu achten und zu lieben.*
- *Es bedeutet, Ihre Aufmerksamkeit von alltäglichen zu wichtigen Aspekten des Lebens hinzuwenden.*
- *Wachstum bedeutet größere Bewußtheit unseres gegenseitigen Bedürfnisses füreinander und einen tieferen Sinn für die spirituellen Dimensionen des Lebens.*

Ein solches inneres Wachstum ist mir noch nie bei Menschen aufgefallen, die einen Lottogewinn machten, geschäftliche Erfolge erzielten oder in sonstiger Weise vom Glück begünstigt wurden. Aber ich sehe es jede Woche an Menschen, die sich durch Verlust und Trauer arbeiten.

Damit will ich natürlich nicht sagen, daß Trauer eine Erfahrung ist, die wir suchen und lieben sollen. Kein Mensch möchte die grauenhafte Leere und Verzweiflung spüren, die mit einem großen Verlust verbunden ist. Aber wir müssen begreifen, daß Gefühle der Trauer uns keinen bleibenden Schaden zufügen, wenn wir uns ihnen stellen und uns durch sie hindurcharbeiten. Uns durch Verluste zu arbeiten, kann auch bedeuten, durch Verlust zu wachsen. Die Wunde der Trauer ist schmerzhaft, ein Schmerz, der aber auch zu kreativen Veränderungen führen kann.

Bei der Geburt unseres ersten Enkelkindes entschieden unsere Schwiegertochter und unser Sohn sich für eine natürliche Geburt. Die angehenden Eltern besuchten Schulungskurse und bei der Geburt war unser Sohn als ›Coach‹ anwesend. Wir warteten gemeinsam mit den aufgeregten Eltern der werdenden Mutter im Nebenraum. Kurz nach der Geburt unserer Enkeltochter durften wir Mutter und Baby sehen.

Die ersten Worte unserer Schwiegertochter waren: »Das mach' ich nie wieder, es tut viel zu weh!« Eine Stunde später war die Erinnerung an den Schmerz nur noch ein Teil der ganzen Geburtserfahrung. Am Tag darauf war der Schmerz etwas, das sie ausgehalten und besiegt hatte. Die junge Mutter hat zwei weitere Babies auf die gleiche Weise zur Welt gebracht. Das nennen wir *kreative Erfahrung durch Schmerz*.

Der Schmerz der Trauer kann ebenfalls eine kreative Erfahrung durch Schmerz sein. Er ist real und dauert lang, aber er dauert nicht ewig. Er geht vorüber. Er geht nicht nur vorüber, er hilft auch zu einem kreativen Neuanfang.

Einem verwitweten Menschen kann am besten von einem anderen verwitweten Menschen geholfen werden. Wenn Irene Kontakt zu einer Frau aufnimmt, die vor kurzem ihren Mann verloren hat, kann sie ihr etwas geben, was ich ihr nicht geben kann. Sie ist eine Frau, die das gleiche Schicksal getroffen hat, die den Schlag überlebte und gestärkt daraus hervorging. Dadurch stellt sie eine echte Hoffnung für die andere Witwe dar. Ich kann davon *sprechen,* daß es Hoffnung gibt. Irene hat sie *gelebt*.

Ich habe immer wieder erlebt, daß eine Witwe spürt, an welchem Tag, zu welcher Stunde eine andere Witwe einen Telefonanruf und ein Wort des Trostes braucht. Das sind keine Zufälle.

Wer die Erfahrung selbst gemacht hat, weiß, was geschieht, wann es geschieht und was getan werden muß.

Ähnlich verhält es sich im Fall einer Scheidung. Niemand kann einem Betroffenen besser zuhören und ihn oder sie bestätigen, als jemand, der die Erfahrung selbst gemacht hat.

»*Ich weiß, was du fühlst*« können echte Trostworte sein oder sie können wie Fingernägel klingen, die auf einer Schiefertafel kratzen. Es kommt ganz darauf an, ob derjenige aus Erfahrung spricht oder nicht. Dazu gehört auch das Verständnis, daß niemand wirklich weiß, was ein anderer Mensch fühlt – besonders wenn es sich um einen emotional so heiklen Sachverhalt wie einen schmerzlichen Verlust handelt.

Vor einigen Jahren, als die Raumfahrtindustrie erheblich reduziert wurde, verloren einige Männer unserer Pfarrgemeinde ihre Posten. Es waren Ingenieure und Techniker mit guter Ausbildung und großer Berufserfahrung. Arbeitslos zu sein war das letzte, woran sie gedacht hätten, bis es passierte.

Ein gewitzter Geschäftsmann ließ sich etwas einfallen, womit er vielen von ihnen wirklich half. Er sammelte diese Männer in einer Selbsthilfegruppe um sich, in der sie frei darüber sprechen konnten, wie furchtbar sie es empfanden, entlassen worden zu sein, und wie sehr ihr Selbstwert darunter litt. Sie mußten einander nicht die tapferen Helden vorspielen, wie sie glaubten, es zu Hause tun zu müssen. Sie gaben einander Rückhalt und Aufmunterung, als einer nach dem anderen sich für einen anderen Berufszweig ausbilden ließ. Zwei Jahre nach Gründung der Gruppe wurde sie aufgelöst, da die Männer sie nicht mehr brauchten. Für diese Männer lag der Grund ihrer Trauer im Verlust ihres Arbeitsplatzes, ihrer Zukunftspläne und ihrer Selbstachtung. Niemand hätte ihnen besser helfen können als sie selbst sich gegenseitig.

Sie können auch am grausamsten Verlust Ihres Lebens innerlich wachsen! Ein bedeutender Aspekt des Wachstums durch Trauer liegt in der Erkenntnis, daß wir trotz eines Verlustes, der unser Leben verändert, unser Schicksal noch immer selbst in der Hand haben. Auch wenn Sie nicht alle Ihre Lebensumstände selbst bestimmen können. Ihre Reaktionen auf Geschehnisse können Sie sehr wohl bestimmen.

Ich ersuche Sie dringend, jetzt damit zu beginnen.

Welchen Verlust haben Sie vor kurzem erlitten? Gehen Sie in Gedanken die letzten zwei Jahre zurück.

- *Wann haben Sie Phasen der Traurigkeit durchgemacht?*
- *Was geschah in diesen Zeiten?*
- *Machen Sie eine Liste Ihrer Verluste. Lesen Sie die Liste laut vor.*
- *Was empfinden Sie, wenn Sie Ihre Stimme hören, die diese Verluste aufzählt?*
- *Schreiben Sie Ihre stärksten Gefühle auf. In Anhang A finden Sie eine Wortliste der Gefühle, die Ihnen hilft, die richtigen Begriffe zu finden.*
- *Kennen Sie Zeiten, in denen Sie den Eindruck hatten, andere Menschen begegnen Ihnen kritischer oder liebloser als sonst?*
- *Waren Sie in dem genannten Zeitraum krank?*
- *Sind einige Ihrer Familienbeziehungen mehr belastet als früher?*

All diese Punkte können Zeichen für unerledigte Trauerarbeit in Ihrem Leben sein. Alle haben mit Verlust zu tun. Aber *Sie* können daraus Aspekte Ihres inneren Wachstums machen.

Um die Zufriedenheit zu erreichen, die Sie gerne hätten, schenken Sie Ihren Verlusten Beachtung und beginnen Sie die Arbeit an Ihrer Trauer. Dieser Prozeß erfordert viel Zeit und kann ein ganzes Leben dauern.

Und die Zeitspanne eines Lebens ist genau das, was uns zur Erledigung dieser Aufgabe zur Verfügung steht.

Kapitel 9

Eine Geduldsprobe

Das Leben nach einem Verlust erfordert Ausdauer

Von all den Aufgaben, die Sie in Ihrer Trauerarbeit zu bewältigen haben, ist die Geduld, die Sie aufbringen müssen, die schwierigste.

Wenn Ihr Lebenspartner oder Ihr Kind stirbt, können Sie den Gedanken nicht ertragen, daß Sie drei Jahre brauchen, um Ihren Verlust zu bewältigen. Selten ist die Arbeit früher abgeschlossen, oft dauert sie wesentlich länger.

Niemand, der frisch geschieden ist, möchte daran denken, daß es zwei Jahre oder länger dauert, bevor er oder sie sich vom Verlust des Partners erholt. Aber so lange dauert es – wenn Sie hart daran arbeiten und Glück haben. Menschen, die einen Ortswechsel vornehmen und sich in einem anderen Land, einer anderen Stadt niederlassen, brauchen oft zwei, drei oder vier Jahre, um sich an ihre neue Umgebung zu gewöhnen.

Die Leidenszeit nach einem großen Verlust dauert meist beträchtlich länger, als Sie erwarten. Um die Zeit durchstehen zu können, müssen Sie daran glauben, daß die Belohnung, die Sie erwartet, die Mühe wert ist. Sie müssen weiterhin wissen, daß der Versuch, den Vorgang zu beschleunigen, sinnlos ist und – im Gegenteil – die Zeit *verlängert,* bis Sie wieder auf die Beine kommen.

Trauer wiegt schwer

Müdigkeit ist eines der häufigsten Symptome, unter dem Menschen leiden, die sich durch Trauer arbeiten. Trauer wiegt schwer. Dieses Gewicht mit sich herumzuschleppen, ist ermüdend. Immer wieder sagen mir Leidtragende, daß sie in den ersten drei bis sechs Monaten nach einem Todesfall oder einer Scheidung ständig erschöpft sind.

Als Dick einen großen finanziellen Verlust durch einen skrupellosen Geschäftspartner erlitt, verbrachte er eine ganze Woche im Bett. Er konnte sich nicht dazu aufraffen, zu duschen oder sich anzuziehen.

Wenn Sie nach einem schmerzlichen Verlust so müde sind, daß Ihnen jede Kleinigkeit Mühe macht, reagieren Sie völlig normal. Sie tragen eine schwere Last und es kostet unendliche Mühe, sie zu tragen.

Ihre Depression ist Teil Ihrer durch das Gewicht Ihres Verlustes entstandenen Müdigkeit. Trauer vermehrt den Streß in Ihrem Leben. Sie ernähren sich vermutlich schlechter als sonst. Sie nehmen zu wenig Flüssigkeit zu sich. Sie bewegen sich zu wenig. Sie haben Einschlafschwierigkeiten und haben Mühe, tagsüber wach zu bleiben. Das alles trägt zu Ihrem Zustand der Erschöpfung bei.

Müdigkeit ist eine normale Begleiterscheinung der Trauer. Vielleicht fügen Sie diesen Satz Ihrer immer länger werdenden Liste zu erwartender Begleiterscheinungen der Trauer bei, die Sie an verschiedenen Stellen in der Wohnung anbringen. Ihr Gefühl, die Last der ganzen Welt liege auf Ihren Schultern, teilen Sie mit allen Menschen, die einen schmerzlichen Verlust erlitten haben. Diese Erkenntnis macht es Ihnen zwar nicht leichter, das Gewicht Ihrer Trauer zu tragen, hilft Ihnen aber, Ihrer Last nicht noch mehr Gewicht hinzuzufügen − in Form unnötiger Selbstvorwürfe oder Schuldgefühle.

Trauer ist Schwerarbeit und verlangt ein Maximum an Durchhaltekraft und Geduld. Wie Sie Ihren Weg durch die Trauer auch bezeichnen mögen, Sie werden darin auf jeden Fall eine Geduldsprobe ersten Ranges sehen.

Ihre physische Gesundheit

Nach einem schmerzlichen Verlust ist Ihre Gesundheit angegriffen. Mehrere Studien haben gezeigt, daß Trauernde nach dem Tod eines nahestehenden Menschen anfälliger für Herzinfarkte und Krebs sind als sonst. In einer Langzeitstudie wurde nachgewiesen, daß die Sterblichkeitsrate unter Verwitweten im ersten Jahr nach dem Tod des Ehepartners *von zwei auf siebzehn Prozent ansteigt.*

Auch das Krankheitsrisiko ist erheblich erhöht. Vorwiegend hoher Blutdruck, Allergien, Arthritis, Diabetes und Schilddrüsenerkrankungen.

Die emotionale Belastung der Trauer macht anfällig für Migräne, Depression, Alkohol- und Drogenmißbrauch, Rückenschmerzen und Verschlechterung der Blutwerte.

Verlieren Sie nicht den Mut, denn Sie können Ihre körperliche Reaktion auf Verlust und Trauer beeinflussen. Sie können Ihre Gesundheit schützen. Dieses Buch enthält viele Übungen und Anleitungen, die Ihnen dabei helfen.

Ein Fitneßprogramm der Trauer

Die Arbeit an Ihrer Trauer läßt sich mit der Arbeit an Ihrer körperlichen Fitneß vergleichen. Kein Gewichtheber wird sein Trainingsprogramm mit einem Maximalgewicht beginnen. Kein Sportler versucht zu Beginn seines Trainings Bestleistungen zu erzielen. Jeder arbeitet sich schrittweise an dieses Ziel heran.

In gleicher Weise gehen Sie mit Ihrer Trauer zu Beginn nicht so um, wie zu einem späteren Zeitpunkt. Sie müssen sich schrittweise eine Art Trauerfitneß aufbauen. Das ist nicht einfach. Aber es ist der richtige Weg, um Ihr inneres Gleichgewicht nach einem großen Verlust wiederzufinden.

Sie müssen sich immer wieder sagen: *Ich werde mich nicht immer so fühlen, wie ich mich jetzt fühle.* Sie brauchen Geduld – mit anderen und mit sich selbst. Sie müssen sich vor Augen halten, daß Sie sich schlechter fühlen, bevor eine Besserung eintritt.

Im ersten oder zweiten Jahr gibt es nicht selten Zeiten, in denen Sie glauben, Ihre Arbeit sei abgeschlossen. Und dann geschieht etwas, und Ihr Leiden setzt mit gleicher Heftigkeit wieder ein, wie zu Beginn.

Das erste Jahr nach einem Todesfall oder einer Scheidung ist voller Gedenktage. Beinahe jede Woche bringt ein *erstes Mal danach*. Der erste Geburtstag, Hochzeitstag, das erste Weihnachten oder andere Gedenktage, die entsetzlich schmerzhaft sind.

Vielleicht glauben Sie, nicht einen weiteren Abend allein verbringen zu können, oder nicht noch eine Mahlzeit mit einem leeren Gegenüber ertragen zu können. Das erste Jahr nach einem großen Verlust ist angefüllt mit schmerzhaften Erinnerungen. Doch am Ende dieser Leidenszeit wissen Sie, daß Sie eine große Leistung vollbracht haben.

Der erste Jahrestag nach einem schmerzlichen Verlust kann Ihnen wie eine bestandene Prüfung vorkommen. Ich höre oft: »Ich habe nicht geglaubt, daß ich es schaffe. Aber ich habe es geschafft.« Und ich sehe eine neue Zuversicht in den Augen von Trauernden. Sie haben unaussprechliche Qualen erlitten und sie überstanden. Das können auch Sie schaffen.

Das Jahr der Einsamkeit

Im zweiten Jahr der Trauer müssen Sie mehr Geduld mit sich aufbringen als mit sonst irgendeinem Menschen. Nachdem das erste Jahr überstanden ist, glauben Sie vielleicht, Ihr Leben werde bald einen normalen Verlauf nehmen. Sie irren. Viele Hinterbliebene nennen das zweite Trauerjahr ihr *Jahr der Einsamkeit*. Sie sagen, das Überleben im ersten Jahr ist der Beweis dafür, daß sie es schaffen. Das zweite Jahr macht ihnen erst bewußt, wie einsam das Leben ist ohne den Menschen, den sie verloren haben.

Sie haben den Eindruck, das ganze Leiden fange wieder von vorne an. Auch hier irren Sie. Jetzt ist ein guter Zeitpunkt, um den Einstieg in eine Selbsthilfegruppe zu finden oder sich der Gruppe wieder anzuschließen, falls Sie ausgestiegen sind.

Erst wenn die Krise des zweiten Trauerjahres gemeistert ist, sind Sie bereit, die Neuorganisation Ihres Lebens nach einem Verlust in die Wege zu leiten. Das bedeutet nicht, daß Sie keine Trauerarbeit mehr zu leisten hätten. Es bedeutet allerdings, daß Sie sich ausreichende Strategien angeeignet haben, um mit Ihrer Trauer umzugehen.

Mit der Zeit und nach viel Mühen beginnen die guten Tage die schlechten Tage zu überwiegen. Gegen Ende des dritten Jahres wird der Schmerz Ihres Verlustes so weit gelindert sein, daß er endlich beherrschbar geworden ist.

Vielleicht besteht der wichtigste Aspekt Ihres inneren Wachstums während Ihrer Trauerzeit in dem Gefühl der Zuversicht und des neugewonnenen Stolzes, der nun in Ihnen aufsteigt. Sie haben die schlimmsten Qualen durchlebt und sie gesund überstanden. Sie sind ein anderer Mensch, ein stärkerer Mensch und ein besserer Mensch geworden, als Sie es zu Beginn Ihrer Trauerarbeit waren.

Kapitel 10

Nutzen und Schaden des Glaubens

Positive und negative Aspekte religiöser Überzeugungen

- »*Ich habe durch diese Fehlgeburt meinen Glauben an Gott verloren.*«
- »*Ich stehe diese Scheidung nur wegen meines starken Glaubens so gut durch.*«
- »*Warum hat Gott mir meinen Mann weggenommen?*«

Diese Aussagen stammen von Menschen, die alle einen schmerzlichen Verlust erlitten haben. Sie spiegeln die Vielfalt der Gedanken, die wir über Gott und Religion haben, wenn das Leben um uns herum zusammenzubrechen droht.

Kurz nach unserer Eheschließung starb der sechsjährige Bruder meiner Frau bei einem Unfall. Wir kehrten nach einem Camping-Ausflug übers Wochenende zurück, als uns ein Nachbar die tragische Nachricht überbrachte. Zwischen Schock und Ungläubigkeit schwankend, riefen wir: »Lieber Gott, bitte laß es nicht zu!«

Die Tatsache, daß wir beide damals keine gläubigen Menschen waren und nur selten einen Gottesdienst besuchten, war irrelevant. In dem Augenblick, in dem wir mit der Tragödie konfrontiert waren, war Gott zum wichtigsten Wort in unserem Sprachschatz geworden.

In den folgenden Monaten machten wir Gott für Ronnies Tod verantwortlich. Wir nahmen uns vor, nie wieder einen Menschen wirklich tief ins Herz zu schließen, da Gott so grausam war. Wir leugneten, daß es überhaupt einen Gott gab. Und doch erging es uns nicht anders als den meisten Menschen; ungeachtet wie wir vor der Tragödie zu Glaubensfragen standen, bei der Konfrontation mit Tod und Trauer stand Gott im Mittelpunkt unserer Gedanken und unserer Gespräche.

Nutzen und Schaden der Religion

Im Falle eines schmerzlichen Verlustes hat Glaube zwei einander diametral entgegengesetzte Dimensionen. Religion kann sehr nützlich sein. Sie kann aber auch großen Schaden anrichten.

Ihr Glaube an Gott kann eine große Kraft sein, die Sie durch die verschiedenen Schritte Ihrer Trauerarbeit begleitet. Das überwältigende Gefühl der Einsamkeit kann erträglich werden, wenn Sie an Gottes Nähe und Güte glauben. Der Rückhalt einer Pfarrgemeinde und die aktive Teilnahme am Gebet kann Ihnen helfen, Ihre Hoffnungslosigkeit zu überwinden. Der Glaube an ein wie immer geartetes Weiterleben nach dem Tod kann ausschlaggebend sein dafür, daß gesunde Trauer nicht in chronische Verzweiflung umschlägt.

Ein Experte auf dem Gebiet von Verlust und Trauer, Dr. Howard Clinebell, sagt, ein gesunder religiöser Glaube und der Rückhalt einer Kirchengemeinde haben die einzigartige Fähigkeit, uns zu helfen, aus einem *schmerzlichen Minus* ein *positives Plus* zu machen. Ann Kaiser Stearns schreibt in ihrem Buch *Und plötzlich ist alles anders:* »Der Glaube ist eine große Kraft, wenn er das Vertrauen beinhaltet, daß wir unsere Trauer mit Kampfgeist bewältigen können.«

Ihr Glaube kann Ihrem Heilprozeß aber auch im Wege stehen. Wenn Sie davon ausgehen, der Umgang mit Trauer müsse einem glaubensstarken Menschen, wie Sie einer sind, leichter fallen als einem Nichtgläubigen, hindert Ihr Glaube Sie an Ihrem Gesundungsprozeß.

Wenn Ihre Freunde in der Pfarrgemeinde die Ansicht vertreten, Trauer sei für einen Gläubigen eine Sache von zwei Tagen oder zwei Wochen, werden die Worte dieser Freunde Sie vermutlich mehr verletzen als trösten. Auch Geistliche, die den Prozeß einer gesunden Trauer nicht begreifen, stellen ein größeres Hindernis als eine Hilfe dar. Laien wie Priester haben häufig auch Probleme, verständnisvoll mit Verlusterfahrungen wie Abtreibung, sexuellem Mißbrauch und psychischen Störungen umzugehen.

Religiöse Überzeugungen, die davon ausgehen, Tränen, Wut

und die Unfähigkeit, ein normales Leben weiterzuführen, seien ein Zeichen von Glaubensschwäche, erhöhen lediglich Ihre Verwirrung und Ihr Schuldbewußtsein.

So bedauernswert es ist, manche Kirchengemeinden reagieren ausgesprochen feindselig auf die Ehescheidung eines Mitglieds. Wenn Sie eine Scheidung durchgemacht haben, wissen Sie, daß die ablehnende Haltung anderer im besonderen Maße verletzend wirkt.

Ruby kam im Zustand extremer Unsicherheit in unsere Selbsthilfegruppe für Singles. Sie gehörte einer kleinen christlichen Sekte an, die sie aus ihrer Mitte ausschloß, als sie die Scheidung einreichte. Ihr Ehemann hatte sie jahrelang körperlich mißbraucht. Schließlich wandte Ruby sich um Rat an ihren Priester. Er sagte ihr, es sei Gottes Wille, daß sie diese Leiden zu ertragen habe, und sie würde eine Todsünde begehen, wenn sie sich scheiden ließe. Sie ertrug ihre Qualen weitere zwei Jahre, bevor sie ihre Schuldgefühle überwinden und sich von ihrem Ehemann und ihrer Kirchengemeinde befreien konnte.

Bitte mißverstehen Sie mich nicht. Ich sage nicht, daß Glaubensüberzeugungen nicht helfen können oder daß Religionsgemeinschaften einem Leidtragenden nur Probleme bereiten. Religion kann eine große Hilfe sein. Ihre Pfarrgemeinde kann auch Ihnen großen Rückhalt geben. Doch die Hilfe kommt nicht immer automatisch, wie Sie vielleicht denken mögen.

Um Enttäuschungen zu vermeiden, müssen Sie wissen, daß Sie als aktiver Angehöriger einer Glaubensgemeinschaft sich ebenso wie jeder andere durch Ihre Trauer arbeiten müssen. Außerdem müssen Sie begreifen, daß die Mitglieder Ihrer Religionsgemeinschaft, auch die Geistlichen, nur Menschen sind, wie Sie auch, die nicht zwangsläufig Verständnis für den Schmerz Ihres Verlustes aufbringen müssen.

Eine trauernde Witwe besuchte nach dem Tod ihres Ehemanns zum ersten Mal wieder den Gottesdienst. Sie konnte ihre Tränen nicht zurückhalten. Nach einer Weile erhob sie sich und verließ am ganzen Körper bebend und schluchzend die Kirche. Am Ausgang empfing sie ein Kirchendiener mit den Worten: »Aber liebe Frau, nehmen Sie sich doch zusammen. *Sie versündigen sich mit Ihren Tränen an Ihrem Glauben!*«

Solche Worte sind ein Beweis für die Ahnungslosigkeit mancher Menschen über Trauer und Verlust. Wenn es nach mir ginge, würden in jeder Kirche Papiertaschentücher aufliegen, ebenso sichtbar wie andere Symbole des Glaubens.

Trauer und der Gläubige

Die Schritte der Trauerarbeit und die Zeitdauer sind für Gläubige ebenso mühsam wie für Nichtgläubige. Dr. Geln Davidson hat in Untersuchungen belegt, daß Religiosität sich kaum auf die Dauer der Trauerzeit eines Menschen auswirkt. Jeder Mensch steht vor ähnlichen Herausforderungen. Jeder Mensch muß seine Seele erforschen. Jeder Mensch kämpft mit Angst, Wut und Schuldgefühlen. Ein gläubiger Mensch zu sein, heißt noch lange nicht, daß einem seelische Schmerzen erspart bleiben.

Sie erleiden einen Verlust nicht, weil sie schlecht sind oder weil Gott Sie prüfen oder bestrafen will. Ein anderer wenig hilfreicher Satz, den Sie zu hören bekommen, lautet: »*Es ist Gottes Wille.*« Wenn Sie einen lieben Menschen durch Tod verloren haben, können Sie mit Sicherheit davon ausgehen, daß ein wohlmeinender Mensch Ihnen sagt: »Gott hat ihn/sie zu sich genommen.« Geschiedene bekommen zu hören: »Ihr wart eben nicht füreinander bestimmt.« Menschen, die es schwer haben, sich an einen neuen Ort, an den sie umgezogen sind zu gewöhnen, bekommen zu hören: »Gott hat dich aus gutem Grund in diese neue Stadt gerufen.« Solche Sätze spenden vielleicht sogar kurzfristigen Trost. Doch für die lange Reise der Trauerbewältigung wirken sie sich lediglich hemmend aus.

Wenn Sie glauben, Gott habe den *Entschluß* gefaßt, Ihnen Ihren Partner, Ihr Kind, Ihren Elternteil wegzunehmen, wird es Ihnen schwerfallen, offen zu trauern. Wenn Sie denken, es sei Gottes Wille gewesen, daß Ihre Firma in Konkurs oder Ihre Ehe in die Brüche gegangen ist, lassen Sie wichtige Gefühle wie Wut und Bitterkeit nicht nach außen. Wenn Sie so bedeutende Gefühle in Ihrem Innern aufstauen, schaffen Sie sich langfristige emotionale und physische Probleme.

Schädlicher Einfluß

Als unsere Tochter zur High School ging, wohnten wir in einer Kleinstadt. Die Schule stand wegen ihrer sportlichen Leistungen bei der Stadtverwaltung in hohem Ansehen. Zwischen Schülern, Lehrern und Eltern bestand ein gutes Einvernehmen.

Unsere Tochter und sechs andere Mädchen bildeten eine Cheerleader-Gruppe; sie sangen und tanzten bei Fußballspielen und Paraden der Schule. Im letzten Schuljahr kam eine Mitschülerin aus der Cheerleader-Gruppe bei einem Autounfall ums Leben. Ihr Freund saß am Steuer des Wagens. Er verlor die Kontrolle, der Wagen überschlug sind, Jane wurde herausgeschleudert und von dem Wagen zerquetscht.

Die Trauerfeier fand in der brechend vollen Aussegnungshalle statt. Die Trauergemeinde, bestehend aus Eltern, Schülern und Vertretern der Stadtverwaltung befand sich in einem Zustand des Entsetzens.

Schüler und Schülerinnen standen in kleinen Gruppen zusammen, schluchzten unkontrolliert und versuchten einander irgendwie zu trösten. Immer wieder hörte ich tränenerstickte Stimmen, die fragten, wie konnte Gott das nur zulassen?

Mehr als zweihundert verweinte Augenpaare blickten zu dem jungen Priester auf, der ans Pult trat, um die Predigt zu halten. Bereits bei seinen ersten Worten begann sich mein Magen zu verkrampfen.

Er sagte diesen erschütterten jungen Menschen, Janes Tod sei ein großer Trost. Er redete davon, Gott habe bei einem Spaziergang durch seinen himmlischen Garten die schönste und reinste Blume entdeckt und sich entschlossen, sie zu pflücken. Diese Blume sei Jane gewesen. Der junge Mann habe nur als ausführendes Organ gedient und er möge Gott dafür preisen, ihn für diese Rolle auserwählt zu haben. Die Trauernden sollten sich darüber freuen, daß Jane ein Platz im Himmel gewiß sei.

Am liebsten wäre ich aufgesprungen und hätte »NEIN!« gebrüllt, hätte dadurch die Situation wohl nur noch verschlimmert. Meine vernünftige Frau legte ihre Hand auf die weißen Knöchel meiner geballten Faust und sagte leise: »Nicht jetzt.

Es ist der falsche Zeitpunkt.« Sie hatte recht. Vielleicht ist der richtige Zeitpunkt mit diesem Buch gekommen.

Manche dieser jungen Menschen verließen die Kirche wohl mit der Überlegung, es sei ratsamer, weniger gute Menschen zu sein, sonst stehen sie möglicherweise als nächste auf Gottes Liste. Andere veranlaßte diese Predigt, ihre Trauer und Wut in ihrem Innern zu begraben, wo sie verzerrte und krankhafte Auswüchse annahmen. Der junge Mann, der den Wagen gefahren hatte, ›pries Gott‹ solange, bis er eines Tages einen Nervenzusammenbruch erlitt und sich in psychiatrische Behandlung begeben mußte.

Dieser Vorfall ist für mich ein klassisches Beispiel für religiösen Mißbrauch als falschen Trost gegen die Trauer.

Ihre Religiosität

Ihr Glaube und Ihre Glaubensgemeinde kann Ihnen in Zeiten eines großen Verlustes aber auch große Hilfe leisten.

Verlust und Trauer gehören für Gläubige wie für Nichtgläubige zum Leben. Wir alle erleben Enttäuschungen, leiden und müssen den Tod lieber Menschen hinnehmen. Jeder große Verlust ist schmerzhaft.

Sie brauchen Trost. Aufrichtig gemeinter Trost beginnt mit dem Eingeständnis, daß das Leben nach einem schmerzlichen Verlust anders ist als zuvor − läßt aber auch die Hoffnung und Zuversicht zu, daß ein Leben nach einem Verlust sinnvoll und lebenswert sein wird. Die Tröstungen, die im Glauben liegen, können starke Motivationen sein, diese Hoffnungen zu nähren. Wenn Sie glauben, Gott nimmt an allen menschlichen Verlusten teil, schöpfen Sie neuen Mut, wenn die Verzweiflung Sie zu übermannen droht. Damit können Sie neue Phasen Ihres Lebens, neue Umgebungen akzeptieren. Sie müssen aber auch wissen, daß Sie wieder trauern werden − und auch diese nächste Prüfung bestehen werden!

Kapitel 11

Neue Entdeckungen
Sie beginnen mit Verlust – und enden mit neuem Leben

Es ist ein großes Erlebnis, mit Menschen zu sprechen, die sich durch ihre Trauer gearbeitet haben! Menschen, die einen großen Verlust erlitten und bewältigt haben, erinnern mich an Naturforscher und Abenteurer.

Haben Sie schon einmal mit einem Bergsteiger oder einem Fallschirmspringer gesprochen? Menschen, die einen Verlust bewältigt haben, gleichen Menschen, die anstrengende, aufregende und große Gefahren bestanden haben. Sie sprechen weniger über die Strapazen, die sie durchgemacht haben und mehr über ihre Entdeckungen. Ihr Leben besteht nicht nur aus bitteren Erinnerungen an Vergangenes, es besteht auch aus Plänen für ihre Zukunft.

Wenn Sie vor kurzem einen großen Verlust erlitten haben, glauben Sie vermutlich, daß dieser Verlust den Rest Ihres Lebens im Mittelpunkt stehen wird. Wenn Sie Ihren Trauerprozeß richtig durcharbeiten, werden Sie mit Gewißheit nicht nur andere und positive Gedanken haben, Sie werden das Gefühl haben, eine große Leistung vollbracht zu haben.

Jean war eine junge Frau mit einem zweijährigen Kind, als ihr Ehemann plötzlich nach einer Operation am offenen Herzen starb. In den folgenden drei Jahren arbeitete Jean intensiv an ihrer Trauer. Sie nahm regelmäßig an unserer Trauer-Selbsthilfegruppe teil. Sie eignete sich Strategien zur Streßreduktion an und informierte sich über gesunde Ernährung, um der schweren Aufgabe körperlich gewachsen zu sein. Sie machte keinerlei Ausflüchte, um sich vor einem Schritt zu drücken. Bereits während ihres Kampfes mit ihrer Trauer wurde sie eine der zuverlässigsten Mitarbeiterinnen unserer Pfarrgemeinde, die anderen Trauernden Beistand leistete.

Rückblickend würde Jean Ihnen sagen, daß ihre Trauererfahrung ihr zeigte, daß sie weit mehr Fähigkeiten besaß, als sie je vor Joes Tod vermutet hätte. Ihre Familie bestätigt, daß sie tatsächlich selbstbewußter und sicherer geworden ist. Vor kurzem kaufte sie sich einen bunten Heißluftballon und bereitet sich jetzt auf ihre Lizenz als Ballonfahrerin vor – sie hätte kein anschaulicheres Symbol des neuen Lebens nach einem furchtbaren Verlust finden können!

Jean würde ihr neues Ich liebend gern eintauschen, um ihren Joe wiederzubekommen. Da das jedoch nicht möglich ist, baut sie ein positives Leben für sich und ihre Tochter auf. Mit jedem neuen Tag entdeckt sie neue Hoffnungen.

Im Gegensatz zu Jean, die immer schon mehr aus sich herausging, war Alice still und schüchtern. Sie führte ein zufriedenes Leben als Hausfrau und Mutter zweier Söhne, bis ihr Ehemann an Krebs erkrankte. Nach seinem Tod durchlebte Alice eine düstere und verzweifelte Zeit, die nahezu zwei Jahre anhielt. Doch wie Jean weigerte sie sich, sich von ihrer Trauer besiegen zu lassen oder vor ihr zu fliehen.

Heute, drei Jahre nach ihrem Verlust, arbeitet sie als Sprechstundenhilfe in einer Arztpraxis. Sie geht unbeschwerter mit Menschen um, hat beträchtlich mehr Durchsetzungskraft und selbst in ihrer Kleidung wählt sie hellere, freundlichere Farben als früher. Alice sagt: »Es fällt mir schwer, einzugestehen, daß ich heute ein positiverer Mensch bin, weil das so klingt, als sei Larrys Tod für mich ein Gewinn. Das wäre völlig falsch. Ich würde alles darum geben, wenn er wieder am Leben wäre. Aber ich mag mich so, wie ich durch meine Trauer geworden bin. Wenn ich zurückblicke, kann ich es kaum glauben, daß ich es wirklich geschafft habe.«

In der Trauer geht es letztlich darum, neue Entdeckungen zu machen

Trauer beginnt mit einem schrecklichen und schmerzlichen Verlust und kann mit der Entdeckung eines neuen Lebens ihren Abschluß finden. Bei allem Negativen, was über die Trauer zu sagen ist, hat die Arbeit durch Ihre Trauer auch positive Aspekte.

Jean und Alice entdeckten Wesenszüge, die sie nie in sich vermutet hätten. Beide Frauen gingen aus ihrer Trauer mit neuem Stolz und neuem Selbstvertrauen hervor. Jede weiß, daß sie der schwersten Prüfung ihres Lebens ausgesetzt war – und sie bestanden hatte! Keine der beiden möchte einen weiteren großen Verlust erleben, doch beide wissen tief in ihrem Innern, daß sie mit neuen Verlusten, wenn nötig, umgehen können. Diese Erkenntnis gibt ihrem Leben eine neue Dimension der Zufriedenheit und Sicherheit.

Diese Entdeckung können auch Sie machen. Ich bin der Überzeugung, wir alle haben wesentlich mehr Charakterstärken als wir uns zutrauen würden. Es muß jedoch oft ein einschneidendes Erlebnis in unserem Leben eintreten, bevor ein Wesenszug zum Vorschein kommt.

Trauer verschließt nicht nur Türen. Trauer öffnet auch Türen. Natürlich können Sie einen geliebten Verstorbenen nicht wieder zum Leben erwecken, eine Scheidung ungeschehen machen oder zerbrochene Lebensträume kitten. Das bedeutet jedoch nicht, daß Ihr Leben Ihnen nichts Gutes mehr zu bieten hat. Sobald Sie sich Ihrer Trauer gestellt und die nötigen Schritte unternommen haben, die Sie mitten hindurch geführt haben, werden Sie neue Quellen des Glücks entdecken, die Sie bis dahin nicht sehen konnten.

Als meine Mutter und kurz darauf mein Vater starben, machte ich eine Entdeckung, die mein Leben seither immer von neuem bereichert. *Ich habe gelernt zu weinen!* Vor ihrem Tod hatte ich meinen Sorgen und Nöten immer eine unerschütterliche Reserviertheit entgegengebracht. Nachdem ich meine Trauer nach ihrem Verlust durchgearbeitet hatte, stellte ich fest, daß ich gesündere Reaktionen hatte, weil ich weinen konnte. Streßbedingte Spannungen, die zuvor meine Nacken- und Rückenmuskulatur verkrampften, lösten sich durch meine Tränen. Meine Frau sagt, ich sei ein besserer Ehemann geworden. Meine Kinder bekamen einen verständnisvolleren Vater, meine Kirche einen hingebungsvolleren Priester.

In späteren Jahren stellte ich fest, daß Tränen anderer mich nicht mehr in Verlegenheit bringen, da ich fähig bin, meinen Tränen freien Lauf zu lassen. Diese Freiheit hat mir viele neue Türen zu einer hilfreichen Form meiner Beratungstätigkeit geöffnet. Die heilsame Wirkung von Tränen habe ich jedoch nicht aus einem Buch gelesen. Ich lernte sie im Versuchslabor meiner eigenen Verluste und Trauer und dadurch, daß ich mich auf die Trauererfahrungen anderer einließ.

Einstellungen und Erwartungshaltungen

So unangenehm der Gedanke sein mag, eine Trauererfahrung vermag Sie nicht vor weiteren Verlusten zu bewahren.

Dan und Dora hatten zwei Söhne. Der jüngere Sohn starb an einer Gehirnhautentzündung. Kurz nach seinem Tod zogen sie von Florida nach Arizona, in der Hoffnung, die neue Umgebung würde ihnen helfen, ihren Verlust zu bewältigen. Bald wurde ihnen eine Tochter geboren. Michael, der zweite Sohn, wurde im Alter von 12 entführt, sexuell mißbraucht und brutal ermordet. Innerhalb von sechs Jahren verloren diese Eltern zwei ihrer drei Kinder.

Dan und Dora erteilten mir viele unendlich wichtige Lektionen über persönlichen Mut im Angesicht namenloser Trauer. Ebenso wie Jean und Alice versuchten sie nicht, dem Keulenhieb ihres zweiten tragischen Schicksalsschlags auszuweichen. Die erste Woche nach Michaels Tod zwang sie, ihre Trauer im grellen Scheinwerferlicht des Medienrummels zu tragen.

Da der Mörder Michaels Leiche in der Wüste verscharrt hatte, durften die Eltern ihn nach der Tragödie nicht mehr sehen. Um die Realität des Grauens fassen zu können, ließen sie sich Fotos vom Tatort zeigen. Später suchten sie den Tatort selbst auf, einige Meilen außerhalb unserer Stadt.

Sie stellten Bilder von Michael in ihrer Wohnung auf. Sie führten täglich Gespräche über ihn. Der Prozeß gegen den Mörder ihres Sohnes fand in einer zweihundert Meilen entfernten Stadt statt. Dan und Dora wohnten den Verhandlungen bis zum Ende bei. Während des Prozesses und auch hinterher verhielten sie sich in allen Aussagen fair und zurückhaltend.

Wenige Monate nach Michaels Tod wurde ein kleines Mädchen in unserer Stadt entführt und ermordet. Dan und Dora waren unter den ersten, die Kontakt zu den leidgeprüften Eltern aufnahmen.

Mit das Wichtigste, was ich von Dan und Dora lernte, war, daß die Trauerarbeit, die sie nach dem Tod ihres ersten Sohnes Kevin leisteten, ihnen half, sich auf Michaels Tod vorzubereiten. Der wichtigste Aspekt dieser Vorbereitung lag darin, daß die beiden nicht erwarteten, gegen weitere Tragödien gefeit zu sein.

Gottlob bleiben den meisten Menschen Tragödien des Ausmaßes, wie Dan und Dora sie verkraften mußten, erspart. Doch wir alle müssen uns in Erinnerung rufen, daß der schlimmste Verlust immer der *unsere* ist.

Wenn wir erwarten, nach dem Tod eines lieben Menschen den Rest unseres Lebens zu leiden, fällt es schwer, uns von dem Verstorbenen zu lösen und ein neues Leben zu beginnen. Wenn wir aber begreifen, daß wir unsere Trauer mit dem nötigen Zeitaufwand bewältigen können, schaffen wir die Voraussetzungen, den Heilprozeß einzuleiten.

Welche Erwartungshaltung Sie nach einem Verlust einnehmen, spielt in Ihrem Heilprozeß eine wichtige Rolle. Die Haltung, die Sie neuen Möglichkeiten und Lösungen entgegenbringen, ist gleichfalls wichtig.

Ich hörte oft Sätze wie die nachfolgend genannten. Die Haltungen und Erwartungen, die sie spiegeln, sind wie Blockaden, die das Tor zu neuen Entdeckungen versperren.

- *Von einem großen Verlust, wie der Tod einer ist, erholt man sich nie.*
- *Zeit ist das einzige Heilmittel gegen Trauer.*
- *Je inniger die Liebe zu einem Menschen, desto schlimmer die Trauer um ihn.*
- *Niemand kann dir bei deiner Trauer helfen.*
- *Der Tod eines Lebenspartners ist schmerzhafter als eine Scheidung.*
- *Ein langsamer Tod ist leichter zu verkraften, als ein plötzlicher.*

- *Der Verlust geschah nach dem Willen Gottes, daran darf man nicht zweifeln.*
- *Wenn du dich ablenkst und mit anderen Dingen beschäftigst, wird sich deine Trauer legen.*

Nicht eine einzige dieser Aussagen entspricht der Wahrheit! Verlust und Trauer sind Phänomene, für die Redensarten und Klischees nicht angebracht sind. Um Ihr Leben nach einem Verlust neu zu gestalten, müssen Sie sich mit den Fakten Ihres Verlustes konfrontieren und sie begreifen.

Hier einige Aussagen, die die Wahrheit treffen und wichtige Einstellungen und Erwartungen über Verlust und Trauer wiedergeben:

- *Nach jedem schmerzlichen Verlust ist ein neues, erfülltes Leben möglich.*
- *Der Heilungsprozeß aus der Trauer dauert seine Zeit und ist mit harter Arbeit verbunden.*
- *Je tiefer die Beziehung zu einem Verstorbenen, desto erfolgreicher wird Ihre Trauerarbeit verlaufen.*
- *Viele Menschen können Ihnen bei Ihrer Arbeit durch Ihren Verlust helfen, besonders die Menschen, die ähnliche Verluste erlitten haben.*
- *Die Trauer, die mit einer Scheidung verbunden ist, hat viele Ähnlichkeiten mit der Trauer nach einem Todesfall. Sie unterscheidet sich zwar in manchen Punkten von dieser Trauer, ist aber keineswegs weniger schmerzlich.*
- *Ihr Leiden ist nicht Gottes Wille; ebensowenig ist es Sein Wille, daß Ihre Lieben leiden oder sterben. Tod und Verlust sind Bestandteil der Vergänglichkeit unseres Lebens.*
- *Wenn Sie Ihre Gefühle verdrängen, um den Schmerz nicht spüren zu müssen, und wenn Sie sich weigern, über Ihren Verlust zu sprechen, machen Sie sich nach einem schmerzlichen Verlust anfälliger für Krankheiten.*

Diese Form der Betrachtungsweise über Ihre Trauer hilft Ihnen bei der Neugestaltung Ihres Lebens. Verlusterfahrungen lassen sich nicht vermeiden. Sie werden im Lauf Ihres Lebens wichtige Menschen, Orte und Lebensumstände verlieren. Wenn Sie einen tragischen Verlust erlitten haben, heißt das nicht, daß Sie in Zukunft nicht noch einen oder mehrere Verluste erleben. Aber Sie können sicher sein, daß Ihre Verluste neue Türen öffnen, nachdem Sie alte geschlossen haben.

Kapitel 12

Besondere Zeitpunkte

Etappen auf dem Weg zur Genesung

Bestimmte Zeitpunkte nach einem großen Verlust sind von besonderer Bedeutung.

In Kapitel 3 habe ich die Schritte durch die Trauer beschrieben, die erwartungsgemäß vor Ihnen liegen. Nachfolgend eine kurze Erläuterung, warum Ihr Weg von einigen wichtigen Etappen markiert ist. In jeder dieser Zeitspannen entdecken Sie Neues und lösen sich von einem Teil des Alten.

Der dritte Monat

Der dritte Monat nach dem Tod eines geliebten Menschen oder nach einer Scheidung ist im allgemeinen die schwierigste Phase überhaupt. Nach zwei Monaten sind alle Anzeichen von Schock, Ungläubigkeit und Verdrängung verschwunden. Erst jetzt trifft Sie der Verlust mit voller Wucht.

Mittlerweile ist so viel passiert, daß Sie Ihren Verlust nicht länger leugnen können. Wenn Ihr Ehepartner gestorben ist, hatten Sie in den letzten Monaten alle Hände voll zu tun, Versicherungspapiere, Sterbeurkunden, Fragebögen der Sozialversicherung etc. auszufüllen. Sie schlafen und essen seit 90 Tagen allein. Wenn Ihr Kind gestorben ist, haben Sie nunmehr wirklich begriffen, daß Sie Ihr Kind nie wieder in die Arme schließen werden. Wenn Sie geschieden sind, ist Ihr Expartner vielleicht schon wieder auf Freiersfüßen.

Die Anpassungsschwierigkeiten an ein neues Leben dauern noch länger. Aus bestimmten Gründen werden Sie den dritten Monat als besonders quälend erinnern.

Lori war 35 Jahre alt, als ihre Mutter plötzlich und unerwartet starb. Seit Lori mit ihrem Ehemann kurz nach der Hochzeit ihre Heimatstadt verließ, lebten Mutter und Tochter zwar in verschiedenen Bundesstaaten, hielten jedoch engen Kontakt, telefonierten regelmäßig und teilten einander alle Kümmernisse und Freuden des Alltags mit.

Neunzig Tage nach dem Tod ihrer Mutter kam Lori zu mir, weil sie Selbstmordgedanken quälten. Im Traum hatte ihre Mutter sie mehrmals besucht und geklagt, wie einsam sie sich fühle und wie sehr sie sich wünschte, Lori bei sich zu haben.

Bei Tag besehen wußte Lori, daß ihre Selbstmordgedanken irrational waren. Nachts kehrten die düsteren Bilder regelmäßig wieder. Ich erklärte ihr, sie erlebe eine schlimme, aber normale Phase ihrer Trauer, die im dritten Monat nach einem großen Verlust häufig auftritt. Wir vereinbarten eine Reihe von Beratungssitzungen und ich versicherte ihr, sie könne mich jederzeit anrufen, wenn ihr danach zumute sei.

Nach der zweiten Sitzung riet ich Lori, ihrer Mutter einen Abschiedsbrief zu schreiben. Darin sollte sie ihrer Mutter sagen, wie sehr sie sie liebte, wieviel ihr die gemeinsamen Jahre und ihre gute Beziehung bedeuten. Doch nun sei es Zeit, Abschied zu nehmen. Sie müsse zu einem normalen Leben mit Mann und Kindern zurückfinden. Die Mutter würde ihr sehr fehlen und ihr unvergeßlich bleiben. Sie sei dankbar für alles, was die Mutter für sie getan habe und wolle ihr das dadurch beweisen, daß sie ihr Leben nach diesem großen Verlust meistere.

Nachdem dieser Brief verfaßt war, sollte Lori ihn sich mehrmals täglich laut vorlesen, bis ihr das ohne Tränen zu vergießen gelang. Danach sollte sie mir den Brief bringen und vorlesen.

Lori schaffte diese schwierige Aufgabe und konnte sich dadurch von ihren selbstzerstörerischen Gedanken befreien. Sie stellte sich damit der Realität ihrer Trauer, konnte zu einer wirklichkeitsnahen Erwartungshaltung finden und auf gesunde Weise um ihre Mutter trauern, ohne daran Schaden zu nehmen.

Wenn Sie bis zum dritten Monat nicht bereits an einer Selbsthilfegruppe teilnehmen, versuchen Sie sich jetzt einer anzuschließen. Es ist jetzt ratsamer, mit einem Fachmann oder einem Priester zu sprechen, als sich Rat bei unerfahrenen Freunden oder der Familie zu holen.

Sechs bis neun Monate danach

In diesem Zeitraum müssen Sie sich verstärkt auf die Bezüge zwischen Körper und Psyche konzentrieren.

Sechs bis neun Monate nach einem großen Verlust ist Ihre physische Anfälligkeit am höchsten. Dr. Glen Davidsons Untersuchungen bei Hinterbliebenen belegen, daß bei etwa 25% der Befragten die Funktion des körpereigenen Immunsystems in dieser Zeitspanne herabgesetzt war. Ich rate Ihnen dringend, sich etwa fünf Monate nach dem Verlust einen Termin bei Ihrem Arzt geben zu lassen.

Nach dem Tod ihres Ehemanns war Pat gezwungen, das Heim für elternlose Kinder und Jugendliche, das sie zusammen mit ihrem Mann geleitet hatte, zu schließen. Sie zog in eine andere Stadt, um dort Arbeit zu finden, und mußte sich von Freunden trennen, mit denen sie lange und enge Beziehungen hatte. Zehn Monate später litt Pat an einer mysteriösen Fiebererkrankung, die sie so sehr schwächte, daß sie bald nicht mehr ohne Hilfe gehen konnte. Ärztliche Untersuchungen ergaben, daß sie an einer Immunschwäche unbekannter Herkunft litt. Nach einiger Zeit verschwand die Krankheit ebenso geheimnisvoll, wie sie gekommen war. Pat ist der Überzeugung, daß der Grund ihres kritischen Zustands in der Trauer um ihre Verluste lag.

Maßnahmen zur Erhaltung Ihres körperlichen Wohlbefindens

Dr. Glen Davidson empfiehlt, fünf Punkte zu beachten, um für die Arbeit durch den Trauerprozeß gerüstet zu sein:

● *Schließen Sie sich einer Selbsthilfegruppe an.*
● *Achten Sie auf regelmäßige und gesunde Ernährung.*

Das heißt, essen Sie gesunde, ausgewogene Kost. Keine Fertiggerichte, wenig Fett, sparsamer Umgang mit Zucker, Kaffee und Alkohol. In Anhang B finden Sie eine Liste der Nahrungs-

mittel, die Ihr Allgemeinbefinden fördern, sowie den Vor-
schlag für einen Menüplan für einen Tag.

● *Trinken Sie ausreichend Wasser.*
Unter der Belastung und dem emotionalen Aufruhr Ihrer Trauer
besteht die Gefahr, daß Sie zu wenig Flüssigkeit zu sich nehmen, ohne sich dessen bewußt zu sein. Trinken Sie mindestens
ein Drittel mehr Wasser als Ihr Durst es verlangt. Süße Limo-
naden, koffein- und alkoholhaltige Getränke sind kein Ersatz
für Wasser! Im Gegenteil, sie entziehen dem Körper weitere
Flüssigkeit und machen eine größere Wasserzufuhr nötig.

● *Sorgen Sie für ausreichende Bewegung.*
Ein flotter Spaziergang von fünfundvierzig Minuten Dauer ver-
treibt vielfach den Anflug einer Depression ebenso wirkungs-
voll wie der gleiche Zeitaufwand eine Psychotherapie – und
kostet nichts! Sich Bewegung verschaffen, Gymnastik, Aero-
bic, soweit Ihr Arzt keine Einwände hat, kann von großem
Nutzen für Sie sein.

● *Ausreichende Ruhezeiten*
Hier gilt die Regel, möglichst die gewohnten abendlichen Zu-
bettgehzeiten beizubehalten, die Sie vor dem Verlust hatten. In
Kapitel 13 finden Sie einige Übungen, die Ihnen das Einschlafen
erleichtern und helfen, wenn Sie mitten in der Nacht aufwachen.

Nach einem Jahr

Verwitwete und Geschiedene können das Datum und sogar die
genaue Stunde nennen, wann ihr Verlust eingetreten ist. Auch
Sie werden das Datum Ihres Verlustes vermutlich nie vergessen.

Der erste Jahrestag des Todes eines geliebten Menschen ist
von besonderer Bedeutung. Sie haben geschafft, was Sie noch
vor wenigen Monaten für unmöglich hielten. Sie haben ein ganzes Jahr überlebt, ohne den Menschen, der für Sie so wichtig
wie Ihr eigenes Leben war.

Viele Menschen begehen diesen Jahrestag mit einer Mischung aus Traurigkeit und Hoffnung. Die Erinnerung an den großen Verlust steht lebhafter denn je vor Ihnen. Der Schmerz flammt wieder auf. Dennoch: Sie haben das Jahr überstanden und blicken mit größerer Hoffnung in die Zukunft.

Nach dem Tod von Lucys Ehemann waren wir, die wir sie gut kannten, sehr um sie besorgt. Sie schien den Verlust schlecht zu verkraften. Einige Male kam sie zwar in die Gruppe, blieb dann aber weg. Sie magerte ab und zog sich von Freunden und Nachbarn zurück. Sie konnte sich nicht von der Garderobe ihres Mannes trennen, ebensowenig von seinen Werkzeugen, die er in einem Schuppen hinter dem Haus aufbewahrte. Früher war sie stolz auf ihren Garten gewesen. Jetzt kümmerte sie sich nicht mehr darum und ließ ihn verwildern.

Wir machten uns Sorgen, wie sie den ersten Todestag überstehen würde. Die Teilnehmer der Trauergruppe machten einen Plan: zwei Witwen sollten sie am Morgen des Gedenktages besuchen. Ich war am Nachmittag dran, bei ihr vorbeizuschauen. Am Abend luden dritte sie zum Essen ein.

Als die beiden Frauen sie an dem erwähnten Tag besuchten, fanden sie Lucy im Garten beim Umgraben und Blumenpflanzen. Die Werkzeuge hatte sie einem Nachbarn verkauft. Im Schuppen waren jetzt ihre Gartengeräte untergebracht. Als ich später nach ihr sehen wollte, war sie nicht zu Hause. Sie hatte eine Nachbarin in den Bridgeclub begleitet. Ihren Gastgebern sagte sie abends, sie habe nun ihre Pflicht erfüllt und ausreichend um ihren Mann getrauert. Jetzt sei die Zeit für sie gekommen, ihr Leben wie gewohnt weiterzuführen. Sie ist eine zufriedene und gesunde Frau geworden, die neue Lösungen und Wege fand, um ihr Leben sinnvoll einzurichten.

Machen Sie aus dem Jahrestag Ihres Verlustes etwas Besonderes. Es gibt viele Möglichkeiten, diesen Tag zu gestalten. Hier einige Vorschläge:

● *Nehmen Sie sich den Tag frei, wenn Sie berufstätig sind. Verwöhnen Sie sich, übernachten in einem guten Hotel, lassen sich das Frühstück ans Bett bringen und gehen gut essen.*

131

- *Rufen Sie sich bewußt Erinnerungen an die geliebte verstorbene Person wach. Sehen Sie sich Fotos an, Briefe, persönliche Dinge, an die Sie schöne Erinnerungen knüpfen.*
- *Rufen Sie Freunde an oder schreiben ihnen ein paar Zeilen, um sich für die Hilfe zu bedanken, die sie Ihnen im Lauf des vergangenen Jahres zuteil werden ließen.*
- *Treffen Sie eine Verabredung zum Abendessen mit einem/einer guten Freund/in, der oder die alles über Ihren Verlust weiß.*
- *Machen Sie neue Pläne für das kommende Jahr.*
- *Wenn Sie in einer anderen Stadt leben, besuchen Sie Ihre alte Heimat oder rufen Sie Bekannte an, die noch dort leben.*
- *Beginnen Sie, Ihre neue Umgebung zu erforschen. Informieren Sie sich über die Geschichte Ihrer neuen Stadt.*

Welchen Verlust Sie auch erlitten haben, machen Sie den Jahrestag zu einem besonderen Tag, dem Sie mit Hoffnung und Zuversicht entgegensehen. Sie stehen am Beginn des zweiten Jahres Ihres Verlustes und es ist Zeit, Ihren Blick mehr in die Zukunft zu richten als in die Vergangenheit.

Der achtzehnte Monat

Sie stellen fest, daß Ihre Trauer noch immer nicht abgeschlossen ist. Ihr Verlust liegt nun eineinhalb Jahre zurück und Sie wissen, daß auch der größte Schmerz hinter Ihnen liegt. Sie erleben mehr gute Tage als schlechte. Vielleicht haben Sie sogar schon gelernt, wieder zu lachen.

Und plötzlich glauben Sie, wieder ganz von unten anfangen zu müssen. Sie sind niedergeschlagen, Ihre Gedanken kreisen beständig um den Verstorbenen. Endlich konnten Sie nachts durchschlafen und plötzlich haben Sie wieder Probleme, einzuschlafen oder wachen mitten in der Nacht auf.

Wenn Sie geschieden sind, liegen möglicherweise 18 Monate der Euphorie über Ihre wiedergewonnene Freiheit hinter Ihnen, und plötzlich glauben Sie, den Boden unter den Füßen zu verlieren.

An diesem Punkt angelangt müssen Sie wissen, daß auch dies eine absolut normale Reaktion auf einen großen Verlust ist.

Sehr oft schließen sich Menschen erst jetzt einer Selbsthilfegruppe an. Dorothy hörte von einer Freundin von unserer Gruppe. Sie kam zu uns und sagte: »Ich dachte, ich hätte es geschafft. Bei mir sind nach dem Tod meines Mannes nur wenige Symptome aufgetreten, vor denen ich gewarnt wurde. Ich habe die Sache einigermaßen gut verkraftet, bis vor wenigen Wochen. Ich habe plötzlich das Gefühl, rückwärts zu gehen.« Auf meine Frage, wann Dorothys Ehemann gestorben sei, antwortete sie: »Vor 18 Monaten.«

Dr. Glen Davidsons Untersuchungen bei Hinterbliebenen belegen das Wiederaufflackern der Trauersymptome. Die folgende Tabelle zeigt einen plötzlichen Anstieg der Kurve negativer Gefühle zwischen dem zwölften und achtzehnten Monat nach dem Tod eines geliebten Menschen.

Verlauf der Trauersymptome in den ersten Monaten nach dem Tod eines geliebten Menschen

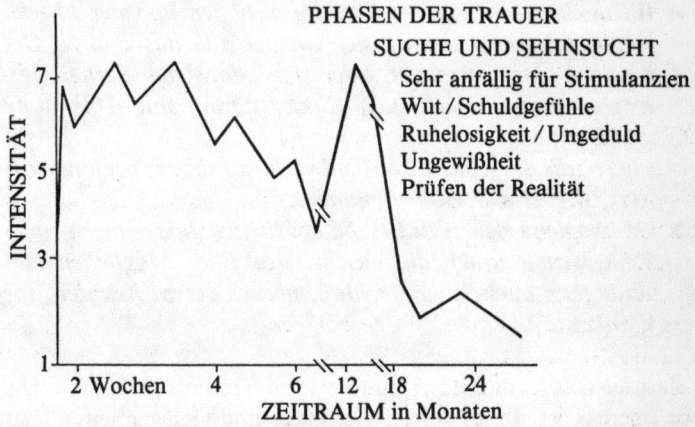

Veröffentlichung mit freundlicher Genehmigung aus UNDERSTANDING MOURNING von Glen W. Davidson 1984, Augsburg Publishing House

Die wichtigsten Punkte, die Sie über dieses Schlagloch auf dem Weg aus der Trauer wissen müssen:

- *Das Wiederaufflackern ist ein Zeichen des Fortschritts, kein Rückfall.*
- *Es dauert nicht lang.*
- *Sie gehen am besten damit um, wenn Sie Ihren Schmerz zulassen, wie Sie ihn zu Beginn Ihrer Trauer zuließen.*

Nach dem zweiten Jahr

Wenn Sie den zweiten Jahrestag Ihres Verlustes überstanden haben, werden Sie sich primär darauf konzentrieren, sich in Ihrem neuen Leben zurechtzufinden. Die größte Herausforderung besteht manchmal darin, sich die Bereitschaft einzugestehen, einen Neuanfang zu machen.

- *Sie kämpfen vielleicht gegen das Gefühl, einen Treuebruch an dem Verstorbenen zu begehen.*
- *Wenn Sie einen Elternteil verloren haben und der überlebende Partner beginnt, sich wieder für das andere Geschlecht zu interessieren oder sich gar wieder verheiratet, reagieren die erwachsenen Kinder darauf mit Ablehnung und Zorn.*
- *Eltern, die ein Kind durch Tod verloren haben, beginnen oft jetzt, wieder ein Baby zu planen.*
- *Geschiedene ziehen zu Beginn des dritten Jahres meist einen Schlußstrich unter die gescheiterte Ehe. Möglicherweise gerät jetzt auch Ihr Entschluß, nie wieder zu heiraten, ins Wanken.*

Sie stellen fest, daß der Schmerz Ihrer Trauer nun nicht mehr so intensiv ist. Besondere Gedenktage und Gelegenheiten sind für Sie nach wie vor emotionsgeladen. Aber im allgemeinen fällt es Ihnen jetzt leichter, zu erforschen, welche neuen Möglichkeiten Ihnen das Leben zu bieten hat.

Es ist eine Zeit, in der Sie längerfristige Pläne machen. Vielleicht kaufen Sie sich jetzt neue Garderobe oder entschließen sich zu einer neuen Frisur.

Die Zeit ist reif, um anderen beizustehen, die wie Sie einen großen Verlust erlitten haben.

Der Abschluß der Trauer

Die Behauptung, am Ende der Trauer stehe Resignation und Leere, ist eine unverzeihliche Lüge. In jeder Phase durch Ihren Trauerprozeß haben Sie neue Erkenntnisse gewonnen.

Ihre Gefühle auf diesem Weg sind in einem allmählichen Wandel zum Guten begriffen. Auf Ihrer Reise durch die Trauerzeit sind Ihnen auch positive Überraschungen begegnet, nicht nur Enttäuschungen.

Ihre Trauer ist schwieriger und schmerzhafter als irgendein anderes Vorkommnis in Ihrem Leben. Sie brauchen Geduld, um diese Zeit durchzustehen. Aber sie bietet Ihnen auch Gelegenheit, Charakterstärken in sich zu entdecken.

Als Friedas Ehemann George nach einem langen Kampf gegen Krebs starb, erwartete ich Friedas Zusammenbruch. George war eine starke Persönlichkeit, dazu ein großer, polternder Mensch, der seine Familie dominierte und beherrschte. Frieda stand immer im Hintergrund, wirkte ein wenig hilflos und anlehnungsbedürftig. Ich machte mir Sorgen, ob sie Georges Tod verkraften würde.

Doch in Frieda ging eine erstaunliche Verwandlung vor. Als wir unsere erste Trauer-Selbsthilfegruppe gründeten, war sie die treibende Kraft. Mit großer Beredsamkeit und Eindringlichkeit verhalf sie ihren Leidensgenossen zur Einsicht, daß sie einander nur in der Gruppe wirklich helfen konnten. Sie überredete mich, die Gruppe zu leiten. Die Offenheit, mit der sie darüber sprach, was sie Woche für Woche nach Georges Tod empfand, war für mich eine erste Lektion zum wirklichen Verständnis gesunder Trauerarbeit.

Etwas mehr als ein Jahr nach Georges Tod teilte Frieda der Gruppe mit, sie habe ihr Schlafzimmer neu eingerichtet. Verschwunden waren die für George so typischen schweren, dunklen Möbel. Ihre neue Bettwäsche war rosa und mit Rüschen versehen; die Möbel waren hell und freundlich. Selbst die Tapete war neu.

Friedas Trauer saß sehr tief und es kostete sie große Kraft, ihren Verlust durchzuarbeiten. Aber sie bemühte sich nach besten Kräften und entdeckte Charakterstärken bei sich, die sie nicht weniger verwunderten, als die Menschen ihrer Umgebung. Sie ist immer noch damit beschäftigt, sich ein sinnvolles Leben ohne einen starken Mann an ihrer Seite aufzubauen.

Frieda fand etwas, das auch Sie finden können. Trauer hat ebensoviel mit Selbstfindung zu tun wie mit Verlust. Trauer ist keine Krankheit, sondern ein Heilprozeß nach einem schweren Schlag, den Ihnen das Leben versetzt hat.

Die Belastungen und Herausforderungen der Trauer zu ertragen, erfordert eine Disziplin, die eine wertvolle Bereicherung Ihres Lebens darstellen kann. Sie können daraus als gestärkter Mensch mit größerer Einfühlsamkeit hervorgehen.

Sich dem Leben wieder zuwenden
Ihre Trauer in Angriff nehmen

Einige Wochen nach einem großen Verlust kehrt wieder der Alltag in viele Lebensbereiche ein.

Wenn Sie berufstätig sind, nehmen Sie Ihre Arbeit wieder auf.

Kinder bedürfen Ihrer vermehrten Zuwendung und Fürsorge. Haustiere müssen versorgt und gefüttert werden. Rechnungen müssen bezahlt werden. Arbeiten in Haus und Garten tun sich nicht von allein.

Nichts wird genauso sein wie vor dem Verlust eines lieben Menschen, sei es durch Tod oder Scheidung, ob Sie einen Ortswechsel vorgenommen oder einen anderen großen Verlust erlitten haben.

Ihre Aufgaben haben sich nicht verändert, nur Sie haben sich verändert!

Arbeiten, die Ihnen früher automatisch von der Hand gingen, sind möglicherweise zu einer kaum zu bewältigenden Last geworden. Das Geschrei Ihrer Kinder zerrt an Ihren Nerven. Den Haushalt zu versorgen, ist eine elende Schinderei geworden.

Ihre Leistungsfähigkeit ist herabgesetzt. Ihr Schlafbedürfnis ist übermäßig hoch oder Sie liegen Nacht für Nacht wach und starren gegen die Zimmerdecke.

Nachdem die ersten Wochen überstanden sind, erfassen Sie erst die Endgültigkeit Ihres Verlustes und mit dieser Erkenntnis setzt der Schmerz ein.

Sie müssen wie früher die normalen Alltagsaufgaben erledigen, obwohl Sie unter der Last Ihrer Schmerzen zusammenzubrechen drohen.

Sich wieder für das Leben entscheiden

Wichtiger als alles andere ist zu diesem Zeitpunkt: *Sie müssen sich wieder für das Leben entscheiden.*

Sich wieder für das Leben entscheiden bedeutet, bewußt mit der Trauer umgehen. In den ersten Wochen nehmen Sie das Leben irgendwie verschwommen, wie hinter einem Nebelschleier wahr. Die Trauer steht im Vordergrund, hat sie ganz für sich beansprucht. Jetzt ist der Zeitpunkt da, Ihre Trauer in Besitz zu nehmen und sich mit ihr auf den Weg zur Besserung zu begeben.

Ihre Trauer zulassen

Es gibt eine Möglichkeit, Ihre Trauer aus der Kategorie negativer Erfahrungen herauszunehmen und sie zum Symbol Ihrer Liebesfähigkeit zu machen.

Trauer ist ein Wort mit einem bitteren Beigeschmack. Auf Trauer kann man nicht stolz sein, man wünscht sie so schnell wie möglich loszuwerden, hinter sich zu bringen.

Mit folgender Übung können Sie eine neue Form der Trauer zulassen.

Nehmen Sie ein liniertes DIN-A4-Blatt zur Hand und befolgen Sie die einzelnen Anweisungen genau in der angegebenen Reihenfolge:

1. Beschreiben Sie den Verlust, der Ihre Trauer ausgelöst hat. Wann hat der Verlust stattgefunden?

2. Schreiben Sie so ausführlich wie möglich über die Bedeutung Ihrer Beziehung zu der Person, dem Ort oder dem Sachverhalt, den Sie verloren haben.

3. Beschreiben Sie den Schmerz und die Traurigkeit, die Sie durch diesen Verlust empfinden. Die Wortliste der Gefühle in Anhang A wird Ihnen helfen, Ihre Gefühle klarer zum Ausdruck zu bringen.

4. Welche Wirkung hat dieser Verlust auf Ihr Leben? Was haben Sie sonst noch im Zusammenhang mit diesem Verlust verloren?

5. Lesen Sie Ihre Antworten auf die Punkte 2, 3 und 4 noch einmal durch.
6. Was sagen diese Antworten über Ihre Zuneigung bzw. Bindung zu der Person, dem Ort oder Sachverhalt aus, den Sie verloren haben?
7. Halten Sie in Anbetracht der Liebe/Bindung, die Sie der Person/dem Ort/der Sache entgegenbringen, eine andere Reaktion außer Trauer für angebracht?
8. Auf ein zweites Blatt Papier schreiben Sie folgende Sätze:

Die Traurigkeit, die ich empfinde, ist eine Ehrenauszeichnung. Ich trage den Schicksalsschlag, der mich getroffen hat, mit Stolz. Meine Trauer drückt die tiefe Bedeutung meiner Liebe/Bindung zu der Person/dem Ort/der Sache aus. Ich bin gewillt, die ganze Wucht meiner Trauer als letzten Akt meiner Hingabe und Liebe zu sehen.

Ich werde meinen Weg durch diese Erfahrung gehen und werde nicht vor ihr weglaufen.

Unterzeichnen Sie mit Ihrer Unterschrift.
9. Legen Sie diesen Text an eine deutlich sichtbare Stelle Ihrer Wohnung, wo Sie ihn jederzeit wiederfinden und lesen können.

Mit dieser Übung geben Sie Ihrer Trauer einen neuen Sinn und bringen Ihre Bereitschaft klar zum Ausdruck, Ihren Heilprozeß in Angriff zu nehmen.

Sich einem Verlust aus der Vergangenheit stellen

June wurde erst als fünfzigjähriger Frau klar, daß sie als kleines Kind sexuell mißbraucht worden war. All die Jahre war dieses traumatische Erlebnis in den Winkeln ihrer Emotionen vergraben, da der Schmerz für sie zu stark gewesen wäre, um ihn ihrem Bewußtsein zugänglich zu machen. Als die Erkenntnis schließlich da war, wurde sie von einem Gefühl tiefer Trauer begleitet.

Viele Monate wühlte June in ihren schmerzhaften Gefühlen,

die sie ihre Unschuldsverluste nannte. Ihr Grundvertrauen an das Leben war tief erschüttert. Sie war 31 Jahre verheiratet, ohne zu begreifen, warum ihr Intimität Angst einflößte. Sie fühlte sich durch diese späte Erkenntnis um viele Freuden des Lebens betrogen.

Ob der Unmöglichkeit, verlorene Jahre und entgangene Freuden zurückzuholen, fühlte sie sich wütend, verletzt und frustriert.

Mit Hilfe einer ähnlichen Methode wie der Übung, die Sie soeben durchgeführt haben, konnte June sich durch ihre Trauer arbeiten und ihre Reaktion auf eine tiefe Verletzung in ihrem Leben in gesunde Bahnen lenken.

Heute hat sie ihr seelisches Gleichgewicht im Hinblick auf diesen Vorfall wiedergefunden. Sie spricht offen mit anderen Frauen über ihre Erfahrung, um ihnen den Umgang mit ähnlich schmerzlichen Verlusten zu erleichtern.

Ich bin ihr Ehemann und sehr stolz auf meine Frau.

Trauern zuzulassen, ist eine große Gabe und ein wichtiger Schritt, einen gegenwärtigen oder vergangenen Verlust zu verarbeiten. Auch dies ist ein wichtiger Schlüssel zu einem erfüllten Leben nach dem Verlust.

Führen Sie Tagebuch über Ihre Reise durch die Trauer

Sobald Sie Ihre Trauer zulassen können, besteht der nächste wichtige Schritt darin, täglich Aufzeichnungen über Ihren Weg durch die Trauer zu machen. Legen Sie sich einen Block oder ein Notizbuch zu. Beginnen Sie für jede Tagebucheintragung eine neue Seite, die Sie zunächst mit Datum und Uhrzeit versehen. Folgende Punkte sind für Ihre täglichen Notizen wichtig:

- *Welches wichtige Ereignis hat heute für mich stattgefunden?*
- *Welcher Mensch war heute für mich besonders wichtig?*
- *Welche Veränderungen beobachte ich an mir?*
- *Welche Pläne habe ich für morgen?*
- *Persönliche Anmerkungen.*

Nehmen Sie Ihre Eintragungen abends nach dem Essen, mindestens eine Stunde vor dem Zubettgehen vor!

Wie wichtig dieses Tagebuch ist, wird Ihnen erst nach Monaten, möglicherweise erst nach einem Jahr bewußt. Die Veränderungen, die den Fortschritt in Ihrer Trauerarbeit markieren, geschehen langsam. Sie mögen den Eindruck haben, keinen einzigen Schritt weitergekommen zu sein, und Sie verlieren den Mut. In solchen Momenten rate ich Ihnen, Ihr Tagebuch von Anfang an zu lesen. Das wird Sie daran erinnern, wo Sie waren und wie weit Sie tatsächlich gekommen sind.

Die Tagebucheintragungen erleichtern Ihnen aus folgenden Gründen den Umgang mit Ihrer Trauer:

- *Die Niederschrift der jeweiligen Tagesereignisse gibt ihnen Bedeutung.*
- *Gedanken an Menschen, die Ihnen wichtig sind, lindern Ihre Einsamkeit.*
- *Wenn Sie Ihre Pläne für den kommenden Tag niederschreiben, geben Sie den Dingen eine positive Richtung.*

Ich empfehle den Abend für die Aufzeichnungen, da die Abende in aller Regel die schwierigste Zeit des Tages sind. Wenn Sie sich bewußt mit Ihrer Trauer befassen, übernehmen Sie die Verantwortung dafür. Ich nenne das *Abendgespenster vertreiben*. Und es funktioniert, Sie werden sehen.

Nach Ihrer Tagebucheintragung sollten Sie lesen oder einer entspannenden Tätigkeit nachgehen.

Trinken Sie abends keinen Kaffee, keine heiße Schokolade oder andere Getränke mit hohem Zucker- oder Koffeingehalt. Diese Stimulanzien könnten Ihren Schlaf stören.

Wenn Sie Probleme haben, sich zu entspannen, werden Ihnen die nächsten Übungen helfen.

Eine Übung zum Abbau von Spannung

Das 8 + 8 + 8-Atmen: Setzen Sie sich in einen bequemen Stuhl, die Beine in leichtem Abstand parallel, die Füße auf den Boden gestellt. Ihre Hände liegen entspannt mit den Handflächen nach unten auf den Oberschenkeln.

Schließen Sie die Augen.

1. Atmen Sie alle Luft aus Ihrer Lunge.
2. Atmen Sie *langsam* ein und zählen dabei bis acht. Dabei wölbt sich Ihre Bauchdecke vor. Zählen Sie: eins-und-zwei-und-drei-und ... bis acht.
3. Halten Sie den Atem an und zählen Sie in gleicher Weise bis acht: ein-und-zwei-und ...
4. Atmen Sie *langsam* aus und zählen wiederum bis acht. Ihre Bauchdecke wird beim Ausatmen wieder flach.
5. Atmen Sie etwa eine Minute normal.
6. Wiederholen Sie die 8 + 8 + 8-Übung einige Male, bis Sie spüren, daß Ihre Spannung sich löst.

Eine Variante des Schafezählens

Folgende Entspannungsübung kann zu jeder beliebigen Zeit durchgeführt werden, am sinnvollsten natürlich, wenn Sie nicht einschlafen können.

Sie liegen in Rückenlage auf dem Bett, die Beine sind ausgestreckt, die Arme liegen entspannt neben dem Körper.

Zunächst machen Sie die 8 + 8 + 8-Atemübung.

Nun schließen Sie die Augen und rollen die Augäpfel hinter geschlossenen Lidern so weit wie möglich nach oben.

Beginnen Sie leise von 1 bis 100 und gleichzeitig von 100 bis 1 zu zählen. Das funktioniert folgendermaßen: 100-1, 99-2, 98-3, 97-4, 96-5 ... Ihre Augäpfel bleiben dabei hinter geschlossenen Lidern soweit wie möglich nach oben gerichtet.

Während Sie zählen, spüren Sie, wie Ihre Augen ermüden. Geben Sie nach und lassen die Augäpfel in eine bequeme Position rollen.

Irgendwann fällt es Ihnen schwer, die richtige Zahlenfolge beizubehalten. Das ist ein Zeichen, daß Ihr Geist sich zu entspannen beginnt und sich auf den Schlaf vorbereitet. Zwingen Sie sich nicht, die Zahlenreihen fortzusetzen.

Jetzt stellen Sie sich vor, eine Treppe hinunterzugehen. Die

Treppe kann aussehen, wie es Ihnen gefällt. Sie hat 20 Stufen, auf halbem Wege befindet sich ein Absatz.

Sie gehen langsam die Stufen hinunter, eine nach der anderen, und zählen die Stufen dabei. Eins-zwei-drei-vier... Bei 10 machen Sie auf dem Treppenabsatz halt. Dann steigen Sie langsam die Treppe weiter nach unten.

Möglicherweise kommen Sie nicht bis nach unten, weil Sie vorher bereits eingeschlafen sind. *Kämpfen Sie nicht dagegen an!*

Unten angekommen fühlen Sie sich ganz entspannt und lokker. Sie betreten ein Zimmer, das Ihr ganz privates Refugium ist. Niemand teilt diesen Raum mit Ihnen. Er ist völlig nach Ihren Vorstellungen und Wünschen eingerichtet und dekoriert. Es ist ein warmer und gemütlicher Raum. Hier sind Sie frei von allen Sorgen und allem Druck. Halten Sie sich in diesem Raum so lange auf, wie Sie Lust dazu haben.

Selbst wenn Sie nach dieser Übung nicht einschlafen, ruhen Sie sich aus. Ich habe festgestellt, daß 20 Minuten dieser Form der Entspannung erfrischender sein können, als zwei bis drei Stunden Schlaf.

Tagsüber können Sie sich in einen bequemen Stuhl setzen, Ihre Augen auf einen kleinen Gegenstand oder eine Markierung an der Wand richten und zählen, bis Ihre Augenlider schwer werden. Dann schließen Sie die Augen und steigen die Treppe hinunter. Unten angekommen betreten Sie Ihr Refugium und bleiben so lange dort, wie Sie es wünschen. Wenn Sie die Entspannungsphase beenden wollen, steigen Sie die Stufen wieder hinauf. Oben angekommen öffnen Sie die Augen und fühlen sich erfrischt und munter.

Wenn Sie nicht schlafen können

Trotz aller Bemühungen kommt es vor, daß Sie mitten in der Nacht aufwachen und nicht mehr einschlafen können. Wenn das einmal angefangen hat, kann es Monate dauern, bis Sie zu Ihren normalen Schlafgewohnheiten zurückgefunden haben. Folgende Übung hilft Ihnen, innerhalb einer bis zwei Wochen Ihre normalen Schlafgewohnheiten wieder aufzunehmen.

Legen Sie sich einen Tageskalender zu, auf dem Sie Ihre Tätigkeiten festhalten. Teilen Sie jede 24-Stunden-Phase in vier Abschnitte ein: Vormittag (nach Ihrer normalen Aufstehzeit),
Nachmittag, Abend (bis zu Ihrer normalen Bettgehzeit) und
Nacht (normale Schlafstunden). Teilen Sie Ihre Zeit wie folgt ein:

Vormittag: Schreiben Sie auf, was Sie vom Aufstehen bis
zum Mittagessen tun. Legen Sie eine feste Zeit für das Mittagessen fest und halten Sie diese Zeit ein, ob Sie sich hungrig fühlen oder nicht.

Nachmittag: Schreiben Sie auf, was Sie nach dem Mittagessen bis zum Abendessen tun. Nehmen Sie auch das Abendessen
zu einer festen Zeit ein und halten Sie diese strikt ein.

Abend: Schreiben Sie die Abendstunden von der Mahlzeit
bis zum Zubettgehen auf. Beispiel: Wenn Sie um 18:00 Uhr
essen und normalerweise um 22:00 Uhr zu Bett gehen, sieht
Ihre Einteilung folgendermaßen aus:

18:00 Abendessen
19:00
20:00
21:00
22:00 Schlafengehen

Nun tragen Sie ein, was Sie in jeder Stunde des Abends tun
werden. Versuchen Sie sich an den Plan zu halten.

Nachtstunden: Schreiben Sie die Zeit auf, in der Sie nachts
am häufigsten wach werden. Dann machen Sie eine halbstün-
dige Einteilung bis zum Zeitpunkt des Aufstehens. Wenn Sie
beispielsweise um 6:00 Uhr aufstehen, jetzt aber jede Nacht um
2:00 Uhr aufwachen, sieht Ihre Liste so aus:

2:00
2:30
3:00
3:30
4:00
4:30
5:00
5:30
6:00

144

Schreiben Sie jeden Abend vor dem Schlafengehen auf, was Sie in den halbstündigen Phasen zwischen der Zeit Ihres Erwachens bis zu Ihrer Aufstehenszeit tun werden. *Das ist ganz wichtig*. Stellen Sie sich Aufgaben, die Ihnen unangenehm sind. Einen Schrank oder die Toilette säubern, Fußboden wischen, Rechnungen schreiben – alles, was Sie nicht gern tun! Bleiben Sie nicht im Bett liegen und starren gegen die Zimmerdecke. Wenn Sie wieder zu Bett gehen, machen Sie eine der angegebenen Entspannungsübungen, um wieder einschlafen zu können.

Die meisten Menschen stellen fest, daß sie nach wenigen Nächten, in denen sie diese Regeln befolgt haben, zu normalen Schlafgewohnheiten zurückfinden und die ganze Nacht durchschlafen können.

Sich entspannen lernen ist eine wichtige Aufgabe, die Sie beherrschen müssen, wenn Sie Ihre Trauerarbeit verrichten und wieder Freude am Leben haben wollen. Außerdem gilt es, Ihre Anschauung über das Weinen zu ändern.

Programmiertes Weinen

Diese Übung soll Ihnen in erster Linie helfen, Hemmungen und Vorbehalte gegen das Weinen abzubauen. Sie werden sie in den ersten Wochen und Monaten nach einem großen Verlust vermutlich mehr als einmal durchführen. Damit möchte ich Ihnen klar machen, daß Sie Ihren Gefühlen freien Lauf lassen dürfen.

Vorbereitung:
Um keine unnötige Angst aufkommen zu lassen, unterrichten Sie einen Menschen Ihres Vertrauens, der die Zusammenhänge ihrer Trauer kennt, von Ihrem Vorhaben. Die Telefonnummer dieser Person deponieren Sie neben dem Telefon, falls Sie Hilfe brauchen.

Wählen Sie für die Übung ein Zimmer Ihrer Wohnung, das für Sie von sentimentaler Wichtigkeit ist. Legen Sie ein paar große Kissen, eine volle Packung Papiertaschentücher zurecht,

145

außerdem ein Radiogerät oder Kassettenrecorder und Photos des Menschen, den Sie verloren haben. Wählen Sie für diese Übung den Abend.

Gehen Sie folgendermaßen vor:
Sorgen Sie für gedämpftes Licht. Hören Sie sanfte Musik aus dem Radio, schalten Sie einen Sender ein, der die Musik nicht ständig mit Ansagen unterbricht, oder legen Sie eine Platte oder eine Kassette mit sentimentaler, zärtlicher Musik auf. Regeln Sie die Lautstärke so, daß sie Ihnen angenehm ist.

Lassen Sie die Stimmung auf sich wirken. Lassen Sie zu, daß Sie von Ihrer Traurigkeit ergriffen werden. Denken Sie an den verstorbenen Menschen oder an die Träume Ihrer zerbrochenen Ehe. Sehen Sie sich die Photos der Menschen und Orte an, die Sie verlassen mußten, als Sie in eine neue Stadt zogen.

Denken Sie an die intimsten Augenblicke in Verbindung mit Ihrem Verlust. Lassen Sie Ihren Gefühlen freien Lauf. Sprechen Sie die Gefühle, die Sie überkommen, laut aus.

Stellen Sie zwei Stühle mit den Rückenlehnen aneinander. Setzen Sie sich auf einen der Stühle und stellen sich vor, die betreffende Person sitze hinter Ihnen. Sprechen Sie den Menschen, den Sie verloren haben, direkt an. Sprechen Sie Ihre Gefühle laut aus.

Als Alternativmöglichkeit lassen Sie Gott auf dem anderen Stuhl Platz nehmen und berichten ihm unverhohlen Ihre Gefühle über Ihren Verlust.

Nehmen Sie ein Kissen in den Arm und weinen Sie in das Kissen. Wiegen Sie sich vor und zurück; schreien Sie laut, wenn Ihnen danach zumute ist. Schreien Sie Ihren Verlust hinaus. Spüren Sie ihn total. Lassen Sie alle Gefühle aus sich heraus, die nach außen drängen.

Sie fühlen sich besser, wenn Sie allen Schmerz und alle Traurigkeit aus sich herauslassen. Versuchen Sie nicht, aufsteigende Wutgefühle zu unterdrücken.

Wenn Sie beginnen, sich besser zu fühlen, lassen Sie dieses neue Gefühl wachsen. Richten Sie Ihre Aufmerksamkeit auf positive Gedanken. Sprechen Sie diese positiven Gedanken laut aus.

Wenn Sie dafür bereit sind, schalten Sie die Lichter an, drehen die Musik leise oder hören eine heitere Melodie. Räumen Sie die Requisiten Ihres Weinens weg – Papiertücher, Kissen, Stühle.

Machen Sie Atemübungen; dehnen und strecken Sie sich; machen Sie ein paar einfache gymnastische Übungen oder laufen Sie auf der Stelle.

Trinken Sie zwei Gläser Wasser, brühen Kräutertee auf oder trinken Saft. Essen Sie einen Apfel, eine Scheibe Knäckebrot und rohes geraspeltes Gemüse.

Nehmen Sie ein Bad oder eine heiße Dusche. Lesen Sie ein heiteres Buch. Gehen Sie zu Bett.

Berichten Sie der Person, die Sie vor der Übung von Ihrem Vorhaben informiert haben, so bald wie möglich über Ihre Erfahrungen. Sprechen Sie mit Ihrem Berater oder in Ihrer Trauer-Gruppe darüber.

Schreiben Sie Ihre Erfahrungen in Ihrem Tagebuch nieder.

Sie werden feststellen, daß Tränen Sie nicht länger verlegen machen. Es fällt Ihnen leichter, Ihre Gefühle zuzulassen.

Auf viele Menschen wirkt diese Übung, als dringe Licht in einen dunklen Raum. Alle mit dem Weinen verbundenen Geheimnisse und Vorbehalte verschwinden. Tränen stellen nun nicht länger ein Hindernis für Sie dar; Sie wissen, daß Tränen eine heilsame Wirkung haben.

Sobald Sie Ihre Hemmung zu weinen verloren haben, können Sie sich mit Ihrer Trauer direkter konfrontieren.

Kommunikation mit Ihrer Trauer

Diese Übung entmystifiziert die Trauer in gleicher Weise, wie die letzte Übung das Weinen entmystifiziert hat. Sie erlöst Sie von der Vorstellung, Trauer sei ein sechsköpfiges Monster, das Sie verschlingt, wenn Sie nur seinen Namen nennen. Die Übung stellt Ihnen die Aufgabe, mit Ihrer Trauer zu kommunizieren, als sei sie eine eigenständige Persönlichkeit. Sie sprechen mit Ihrer Trauer und Sie hören Ihrer Trauer zu.

Wenn ein lieber Mensch gestorben ist, ist diese Übung etwa drei Monate nach dem Tod eine besonders große Hilfe.

Sie werden zwei Briefe schreiben. Den ersten Brief richten Sie an Ihre Trauer. Halten Sie sich an folgende Form:

Datum: _____ Uhrzeit: _____

An meine Trauer,

Mit freundlichem Gruß,

Bevor Sie mit dem Brief beginnen, fragen Sie sich: Wenn ich meiner Trauer sagen könnte, was ich denke und fühle, was würde ich sagen? Was soll meine Trauer über ihre Wirkung auf mein Leben wissen?

Seien Sie ganz offen. Wenn der Brief geschrieben ist, setzen Sie Ihren Namen darunter.

Nicht früher als 24 Stunden danach, aber auch nicht wesentlich später schreiben Sie einen zweiten Brief. Dieser ist von Ihrer Trauer an Sie gerichtet, den Sie mit »Herzlichst, Deine Trauer« unterschreiben.

Vor dem Schreiben fragen Sie sich: Was will meine Trauer mir sagen? Was will sie von mir?

Dann schreiben Sie so offen wie möglich als Ihre personifizierte Trauer.

Legen Sie beide Briefe einen oder zwei Tage beiseite, bevor Sie sich die Briefe laut vorlesen.

Was sagen Ihnen die Briefe über Ihre Einstellung zur Trauer? Was können Sie aus diesen Briefen lernen?

Sprechen Sie mit einem Menschen Ihres Vertrauens über diese Briefe und Ihre Entdeckungen. Wenn Sie an einer Selbsthilfegruppe teilnehmen, finden Sie darin eine ausgezeichnete Gelegenheit zum Austausch Ihrer Erfahrungen mit anderen.

Ich schlage vor, die Briefe in Ihrem Tagebuch aufzubewahren. Etwa nach Ablauf von zwei Jahren schreiben Sie wieder zwei Briefe, ohne vorher die ersten Briefe gelesen zu haben, dann vergleichen Sie die Inhalte. Sie werden erstaunt sein, daß sie von ein und derselben Person stammen! Ihre letzten beiden

Briefe klingen eher, als hätte sie nicht ein Trauernder verfaßt, sonder jemand, der ein großes Abenteuer bestanden hat.

Wenn Ihnen die Kommunikation mit Ihrer Trauer schwerfällt, so fällt Ihnen auch die Kommunikation mit Freunden, der Familie und Arbeitskollegen schwer. Nur wenige Menschen bringen wirkliches Verständnis für einen Trauernden auf. Bereits kurze Zeit nach einem großen Verlust, ob Tod oder Scheidung, wird erwartet, daß Sie zumindest nach außen so tun, als wenden Sie sich wieder dem Leben zu, selbst wenn Sie noch lange nicht die Bereitschaft dafür aufbringen können.

Die Anthropologin Margaret Mead sagt: »Wir feiern die Geburt eines Menschen; wir beglückwünschen Menschen, die heiraten; wenn aber einer stirbt, tun wir, als sei nichts geschehen.«

Warum? Weil Geburt und Hochzeit Ereignisse sind, bei denen ein Verlust von einem freudigen Ereignis in den Schatten gestellt wird. Es macht uns keine Mühe, Worte für solche Gelegenheiten zu finden, wir können ohne Scheu darauf reagieren. Im Tod sehen wir das unweigerliche Ende jeder menschlichen Freude. Wir wissen nicht, was wir einem Hinterbliebenen sagen sollen. Wir fühlen uns in Gegenwart der Trauer eines anderen äußerst peinlich berührt.

Daran sollten wir denken, wenn die Reihe an uns ist, zu trauern. Wenn Menschen uns meiden, in einer Zeit, in der wir sie am dringendsten brauchen, geschieht das nicht, weil sie uns nicht lieben. Sie wissen lediglich nicht, was sie sagen oder tun sollen. Sie sind hilflos.

Folgende Übung soll Ihnen helfen, mit den Menschen zu kommunizieren, deren Unterstützung Sie dringend brauchen. Davon betroffen sind Familienmitglieder, Freunde, Priester und Ärzte.

Nachsicht mit Nichttrauernden

Schreiben Sie die folgenden Sätze auf eine Karte oder ein Blatt Papier, das Sie in den ersten neun Monaten Ihrer Trauererfahrung bei sich tragen.

1. Ich erwartc von anderen nicht, daß sie mit meiner Trauer besser umgehen, als ich mit ihrer Trauer vor meinem Verlust umgegangen wäre.
2. Die meisten Menschen wollen mir helfen. Sie meinen es gut, auch wenn sie dumme und verletzende Bemerkungen machen oder sich entsprechend verhalten.
3. Andere Menschen, auch Fachleute, wissen nicht, was mir hilft, wenn ich es ihnen nicht sage.
4. Ich werde mit anderen so geduldig sein, wie sie mit mir geduldig sein müssen.

Tragen Sie diese vier Aussagen bei sich, damit Sie jederzeit einen Blick darauf werfen können. Lesen Sie den Text mehrmals täglich, wenn andere Menschen lieblose Dinge tun. Wenn beispielsweise Ihr Ehepartner gestorben ist, wird es nicht lange dauern, bevor Sie folgende Erfahrungen machen:

● Jemand fragt Sie, wie es Ihnen geht und erwartet von Ihnen nichts weiter, als »danke, mir geht es gut« zu hören.
● Jemand vermeidet tunlichst, den Namen Ihres verstorbenen Ehepartners auszusprechen. Das geschieht zu einer Zeit, in der Sie den dringenden Wunsch haben, alle Ihre Bekannten wissen zu lassen, daß er oder sie ein ganz besonderer Mensch war, der immer ein Teil Ihres Lebens bleiben wird.
● Jemand gebraucht Ausflüchte, um nicht mit Ihnen sprechen zu müssen.
● Jemand kritisiert eine Entscheidung, die Sie für das Begräbnis, die Trauerfeier oder für Ereignisse vor dem Tod des lieben Menschen getroffen haben.

Wenn Sie begreifen, daß die negativen Reaktionen anderer nicht beabsichtigt sind, belasten Sie sich nicht noch zusätzlich mit negativen Gefühlen in einer Zeit, in der Sie ohnehin genug zu tragen haben.

Was Sie Nichttrauernden sagen können

Tippen Sie folgende Aussagen auf gutes Papier, oder lassen Sie die Zeilen im Schnelldruckverfahren drucken. Viele große Kaufhäuser verfügen über ein solches Druckgerät.

Mein(e) liebe(r) (Familie, Freund, Pastor, Arbeitgeber...)

Ich habe einen furchtbaren Verlust erlitten. Es wird seine Zeit dauern, möglicherweise Jahre, bis ich die Trauer über diesen Verlust verarbeitet habe.

Ich werde in nächster Zeit mehr als sonst weinen. Meine Tränen sind kein Zeichen von Schwäche oder Hoffnungslosigkeit, auch kein Zeichen meiner Glaubensschwäche. Sie sind Symbole der Tiefe meines Verlustes und ein Zeichen, daß ich auf dem Wege der Besserung bin.

Vielleicht bin ich gelegentlich ohne ersichtlichen Grund wütend und aufbrausend. Meine Emotionen sind durch die Belastung der Trauer verwundbarer geworden. Bitte verzeiht mir, wenn ich gelegentlich zu heftig reagiere.

Ich brauche Euer Verständnis und Euren Zuspruch mehr als alles andere. Wenn Ihr nicht wißt, was Ihr mir sagen sollt, nehmt mich einfach in den Arm oder gebt mir die Hand, um mir zu zeigen, daß Ihr mich versteht. Bitte wartet nicht darauf, daß ich mich bei Euch melde.

Ich bin oft zu müde, um auch nur daran zu denken, die Hilfe zu erbitten, die ich brauche.

Laßt nicht zu, daß ich mich von Euch zurückziehe. Ich brauche Euch mehr denn je im nächsten Jahr.

Betet für mich nur, wenn Euer Gebet nicht die Aufforderung an mich beinhaltet, Euch ein besseres Gefühl zu geben. Mein Glaube schützt mich nicht vor meiner Trauerarbeit.

Wenn Ihr eine Verlusterfahrung erlebt habt, die in irgendeiner Weise der meinen gleicht, laßt es mich bitte wissen. Sprecht mit mir darüber. Damit vermehrt Ihr meine Trauer nicht, Ihr erleichtert sie mir.

Dieser Verlust ist das Schlimmste, was mir zustoßen konnte. Aber ich werde durchkommen und ich werde wieder am Leben teilnehmen. Ich werde mich nicht immer so fühlen wie jetzt zu diesem Zeitpunkt. Ich werde wieder lachen können.

Ich bedanke mich für Eure Zuwendung. Eure Anteilnahme ist ein Geschenk, das ich immer zu schätzen weiß.

Herzlichst,

Verändern Sie diesen Modellbrief nach Belieben und Ihren Umständen entsprechend. Geben Sie den Menschen, deren Rückhalt Sie am dringendsten brauchen, ein Exemplar. Wenn Sie solche Gedanken schriftlich feststellen, vermeiden Sie viele Mißverständnisse. Die Menschen Ihrer Umgebung können dann besser mit Ihnen umgehen und sind darauf vorbereitet, was sie von Ihnen zu erwarten haben.

Damit geben Sie außerdem deutlich zu verstehen, daß Sie sich für Ihre Trauerarbeit verantwortlich fühlen und durch sie wachsen.

Weiterleben

Die Entscheidung, nach einem großen Verlust weiterzuleben, ist nicht leicht. Sie erfordert von Ihnen Willenskraft und Vernunft starken Emotionen gegenüber in den Vordergrund zu stellen.

Sie können nicht warten, bis Sie sich besser fühlen und sich dann für ein neues Leben entscheiden. Sie müssen die Entscheidung treffen, weil Sie von ihrer Richtigkeit überzeugt sind, und dann abwarten, daß Ihre Gefühle nachziehen. Das wird mit Sicherheit geschehen.

Das nächste Kapitel enthält weitere Übungen, die Ihnen helfen, Ihre Entscheidung durchzuführen und ein erfülltes Leben nach Ihrem Verlust aufzubauen.

Kapitel 14

Neue Türen öffnen

Wichtige Entscheidungen

Entscheidungen treffen ist eine der schwierigsten Aufgaben, wenn Sie danach trachten, Ihr seelisches Gleichgewicht nach einem großen Verlust wiederzufinden.

In den ersten Tagen, in denen unentwegt Anforderungen an Sie gestellt werden, funktionieren Sie wie ein Roboter und treffen Ihre Entscheidungen automatisch.

Später flauen Schock und Betäubung ab und Sie erleiden unerträgliche Schmerzen. *Jede* Entscheidung kostet unendlich viel Kraft. Zunächst gilt es den Papierkrieg zu erledigen, der einen Todesfall oder eine Scheidung begleitet; oder die Aufgabe, die öffentlichen Einrichtungen einer fremden Stadt herauszufinden; oder sein Leben nach einem operativen Eingriff auf die neuen Gegebenheiten einzustellen.

Später erhält das Entschlußfassen eine neue Dimension. Der Druck verlagert sich, es geht weniger darum, was Sie tun *müssen,* und mehr darum, was Sie tun *wollen.* Es ist Zeit, sich auf den Weg zu machen. Sie wissen jetzt, daß Sie Ihren Verlust überleben werden.

Der Schmerz ist noch da und zuzeiten ist er so stark wie zu Beginn. Daran haben Sie sich unterdessen gewöhnt. Es kommt Ihnen vor, als seien die grausame Leere und Trübsal in Ihrem Herzen und der Schmerz in Ihrer Seele schon immer dagewesen. Sie sind fest davon überzeugt, daß diese Phänomene Sie noch lange Zeit begleiten.

Sechs Monate nach dem Tod ihres Ehemanns kam Cindy zu mir in einem neuerlichen Schockzustand. Ein Arbeitskollege hatte sie gefragt, ob sie mit ihm ausgehe! Damit wurde ihr mit einem Mal klar, daß sie eine alleinstehende Frau war. So hatte sie sich bisher nicht gesehen. Wie die meisten Witwen unterschied sie sich von geschiedenen Singles dadurch, daß sie sich nach wie vor als verheiratete Frau sah, deren Mann gestorben war. Ihre geschiedenen Freundinnen sahen sich als Single und bereit, eine neue Beziehung einzugehen, wenn der Richtige kam.

Für Cindy bestand die Schwierigkeit, ja oder nein zu einem Rendezvous mit einem Mann zu sagen, darin, sich an den Gedanken zu gewöhnen, daß sie jetzt ein Leben ohne Hal führen mußte.

Meiner Meinung nach ist das auch der Grund, warum so viele geschiedene Menschen zusammenbrechen, wenn ihr Ex-Partner wieder heiratet. Erst wenn dieser Fall eintrifft, erfassen sie wirklich, daß ihre geschiedene Ehe unwiderruflich der Vergangenheit angehört. Es gibt kein Zurück, das Leben geht weiter.

Es kommt eine Zeit in Ihrer Trauerarbeit, in der Sie meinen, in einem großen, kahlen Raum ohne Fenster, aber mit vielen, vielen Türen zu stehen. Sie wissen, daß Sie diesen Raum irgendwann verlassen müssen. Es ist kein angenehmer Ort, aber die Entscheidung, durch welche Tür Sie ihn verlassen, ist unendlich schwer.

In diesem Raum schweben die Erinnerungen und Bilder Ihrer Vergangenheit, hier spüren Sie den schrecklichen Verlust, den Sie erlitten haben. Sie wissen nicht, ob das, was Sie hinter einer dieser Türen erwartet, besser sein wird. Das hoffen Sie zwar, aber Sie können sich nicht vorstellen, jemals wieder ein Leben in Wärme und Geborgenheit zu führen.

Diesen Raum zu verlassen bedeutet, Ihre Vergangenheit hinter sich zu lassen. Sie können Ihre Erinnerungen mitnehmen, das ist aber auch alles.

Jede Wahl, die Sie treffen, führt Sie zu einem neuen und anderen Leben, als Sie es bisher führten.

Es ist Zeit, Ihre Wahl zu treffen.

Earl Grollman schreibt in seinem Buch, *Time Remembered:*

»Es ist riskant, neue Anfänge zu versuchen... Das größere Risiko für Sie besteht allerdings darin, nichts zu riskieren. Denn damit gibt es *keine* weiteren Möglichkeiten zu lernen und zu verändern, die Reise des Lebens fortzusetzen... Sie waren stark, durchzuhalten. *Sie werden stärker sein, wenn Sie neue Anfänge wagen.*«

Eine Übung zur Zielsetzung

Beantworten Sie folgende Fragen schriftlich entweder in Ihrem Tagebuch oder auf einem Blatt Papier:

Datum: _____

Welche Aufgaben muß ich in den kommenden sieben Tagen erledigen?

Wenn ich das nicht tun müßte, was würde ich in den nächsten sieben Tagen gern tun?

Was hält mich davon ab, das zu tun, was ich gern tun würde?

Welche Mittel stehen mir zur Verfügung, um diese Hindernisse auszuräumen?

Wessen Hilfe brauche ich, um das zu tun, was ich gern tun möchte?

Was würde ich gern in den nächsten 90 Tagen tun?

Welche spirituellen Hilfen brauche ich, um mit meinem Leben wieder zurechtzukommen?

Wie würde mein Leben heute in einem Jahr aussehen, wenn es nach mir ginge?

Nehmen Sie sich ein Ziel vor für die nächsten 7 Tage, 90 Tage und für ein Jahr. Schreiben Sie jedes dieser Ziele auf und machen Vermerke, wie Sie wissen, wann Sie diese Ziele erreicht haben.

7 Tage
90 Tage
1 Jahr

Nennen Sie eine spirituelle Hilfe, die Sie gerne in Anspruch nehmen würden. Verabreden Sie sich mit Ihrem Priester. Wenn Sie keiner Religionsgemeinde angehören, erkundigen Sie sich bei Freunden nach Adressen.

Vermerken Sie in Ihrem Kalender, daß Sie in einer Woche Ihr 7-Tage-Ziel prüfen.

Beginnen Sie die Arbeit an jedem der Ziele nicht später als einen Tag nach dem angegebenen Datum auf dem Fragebogen.

Vermerken Sie in Ihrem Tagebuch die jeweiligen Fortschritte für die Ziele, die Sie sich gesetzt haben. Wenn Sie ein Ziel erreicht haben, nehmen Sie sich ein nächstes Ziel der gleichen Kategorie vor. Wenn sich herausstellt, daß ein Ziel unrealistisch ist, wählen Sie eine Alternative. Wenn Sie ein neues Ziel ausmachen, gehen Sie es an.

Teilen Sie Ihre Ziele und die Zeitdauer, in der Sie ein Ziel erreichen wollen, einem Freund mit, der die Sache ernst nimmt.

Am Ende der ersten Woche setzen Sie sich ein neues Ziel für die nächsten 7 Tage. Setzen Sie dieses Verfahren mindestens ein Jahr lang fort.

Wenn Sie sich kurz-, mittel- und langfristige Ziele setzen, beginnen Sie die Türen zu Ihrer Zukunft zu öffnen. Es ist zweitrangig, ob Sie all diese Ziele erreichen. Wichtig daran ist, daß Sie beginnen, neue Entscheidungen für Ihr Leben nach dem Verlust zu treffen.

Der nächste Schritt ist schmerzlich, darauf muß ich Sie aufmerksam machen, bevor Sie die Übung beginnen. Es ist aber auch ein sehr wichtiger Schritt in Ihrer Gesundung.

Einen Abschiedsbrief schreiben

Abschiednehmen fällt nie leicht. Wenn Ihre Gäste nach Hause gehen oder Sie liebe Verwandte nach einem Besuch wieder verlassen, jeder Abschied stimmt traurig.

Sich von einem Verstorbenen zu verabschieden, das Ende einer Ehe bestätigen oder Ihre Heimatstadt und liebgewonnene Nachbarn zu verlassen, sind sehr schmerzhafte Vorgänge.

Bevor Sie jedoch neue Türen in Ihrem Leben öffnen können, müssen Sie die Türen schließen, die jetzt der Vergangenheit angehören. Das heißt nicht, einen Menschen oder die Erinnerung an ihn zu vergessen, ebenso wenig, wie Sie Ihre Freunde vergessen, wenn Sie sich nach einem Abendessen von Ihnen verabschieden.

Abschiednehmen heißt, daß ein Mensch, ein Ort, ein Lebensabschnitt oder ein Körperteil nicht mehr zu Ihrem Leben gehört.

Abschied ist ein Akt, einen Lebensabschnitt abzuschließen, der in der Erinnerung immer wichtig für Sie bleiben wird, ohne den Sie jedoch von nun an leben müssen.

Es ist wichtig, sich von lieben Menschen zu verabschieden, von denen Sie sich vorübergehend trennen, und es ist um so wichtiger, sich von den Menschen zu verabschieden, die Sie nie wieder in Ihrem Leben sehen werden. Genauso wichtig ist es, sich von Orten, die Ihnen vertraut sind, und von Träumen, die ausgeträumt sind, zu verabschieden.

Denken Sie zunächst an den Menschen oder den Sachverhalt, den Sie verloren haben und der die Ursache Ihrer Trauer darstellt. Blättern Sie in Ihrem Tagebuch zurück und lesen Sie nach, was Sie in der Übung mit der Überschrift *Meine Trauer zulassen* geschrieben haben.

Schreiben Sie Ihren Abschiedsbrief mit Sorgfalt auf gutes Briefpapier, als würden Sie einem sehr wichtigen Menschen einen Brief schreiben.

Nehmen Sie ein gutes Schreibgerät. Dieser Brief verdient das Beste, was Sie haben. Bitte keinen Bleistift und keine herausgerissenen Notizblockzettel.

Wenn Sie Ihren Brief an einen verstorbenen Menschen richten, verwenden Sie die Anrede, die Sie ihm gaben, als er noch am Leben war.

Wenn es sich um eine Ehe handelt, die vorüber ist, wenden Sie sich an den Verlust, den Sie dadurch erlitten haben, und sprechen ihn an, als sei er eine Person. Es geht nicht darum, Ihrem Expartner einen Brief zu schreiben.

Wenn der Adressat ein Ort ist, sprechen Sie ihn als Person an. (June und ich schrieben an ›Unser liebes Heim...‹.)

Ist es ein zerstörter Traum, ein Geschäftsverlust oder eine Lebensphase, sprechen Sie diesen Sachverhalt persönlich an.

Gleich nach der Anrede bringen Sie deutlich zum Ausdruck, daß es sich um einen Abschiedsbrief handelt.

Sodann berichten Sie der Person oder dem personifizierten Sachverhalt alles, was Sie gerne gesagt hätten, aber nicht gesagt haben.

Drücken Sie Ihren Dank für besondere Dinge aus, an die Sie sich erinnern.

Wenn Sie an einen verstorbenen Lieben schreiben, bringen Sie zum Ausdruck, daß Sie den Tod der verstorbenen Person hinnehmen.

Schreiben Sie von Ihren Hoffnungen und Ihrer Vorstellung eines Lebens, das Sie nach diesem Verlust führen werden.

Unterzeichnen Sie den Brief mit Ihrem Namen.

Nun warten Sie etwa 24 Stunden, bevor Sie sich den Brief laut vorlesen. Lesen Sie ihn mehrere Tage mehrmals täglich.

Wenn Sie es schaffen, ihn zu Ende zu lesen, auch wenn Sie dabei Tränen vergießen, lesen Sie ihn einem Freund, Berater oder Priester vor.

Bewahren Sie diesen Brief zusammen mit Ihrem Tagebuch und anderen schriftlichen Übungen auf, als historischen Augenblick und wichtiges Dokument Ihrer Reise zur Gesundung.

Ken schrieb folgenden Brief nach dem Tod seiner Frau:

»Meine geliebte Mae,

Du und ich, wir befanden uns immer in der Obhut des Herrn. Wäre das nicht so gewesen, wüßte ich nicht, wie es jetzt weitergehen soll. Dieses Wissen hat uns auf dem beschwerlichen Weg durch Deine Krankheit geholfen, und jetzt hält mein Glaube und mein Vertrauen an Gott mich aufrecht.

Die große Leere, die Dein Tod in meinem Leben hinterlassen hat, ist immer noch ein gähnendes, schwarzes Loch.

Wie kann aus ›wir‹ ein ›ich‹ werden?

Wie kann aus ›uns‹ ein ›mir‹ werden?

Wie kann aus ›wir beide‹ ein ›ich allein‹ werden?

Weil ich an Gott glaube, glaube ich, daß es in meinem Herzen immer ein ›wir‹ und ein ›uns‹ geben wird. Durch meinen Glauben kann ich Dich der Liebe und Fürsorge Gottes überlassen, bis wir uns in Seinem Königreich wiedersehen. Bis dahin verabschiede ich mich von Dir.«

Dieser Brief half Ken, sich von Mae zu verabschieden und zu einem neuen Leben zu finden, in dem es später auch eine neue Ehefrau gab.

Eine Selbsthilfegruppe für Trauernde gründen

Den besten Rückhalt während Ihres Trauerprozesses können Ihnen Menschen geben, die gleichfalls einen Verlust erlitten haben.

Eine der neuen Türen, die Sie öffnen können, besteht in der Gründung einer solchen Gruppe. Das klingt schwieriger, als es in Wahrheit ist.

Sie brauchen keinen geschulten Gruppenleiter – falls ein Fachmann zur Verfügung steht, ist das natürlich ein Vorteil. Vielleicht kennen Sie einen Berater, an den Sie sich wenden können, wenn jemand aus der Gruppe Anzeichen krankhafter oder falsch verstandener Trauer aufweist.

Verlust und Trauer sind überall anzutreffen. Eine Ankündigung, daß Sie die Absicht haben, eine Selbsthilfegruppe zu gründen, findet nahezu überall Verständnis und führt Ihnen die Menschen zu, die Sie brauchen. Eine Gruppe muß nicht mehr als drei oder vier Teilnehmer umfassen und sollte ohne geschulten Gruppenleiter nicht mehr als acht bis zehn Teilnehmer aufweisen.

Die Übungen, die ich Ihnen in diesem Buch genannt habe, können ohne weiteres in der Gruppe durchgeführt werden. Alle Übungen sind mindestens fünf Jahre in Gruppen getestet worden, die ich geleitet habe.

Ihre Kirche ist ein geeigneter Ort, um Gruppenteilnehmer zu finden. Ihr Priester stellt Ihnen vielleicht einen Raum zur Verfügung, wo die Gruppentreffen stattfinden können, und hilft Ihnen möglicherweise auch bei der Leitung.

Eine Selbsthilfegruppe für Trauernde sollte sich mindestens drei Monate lang einmal pro Woche treffen; eine Sitzung sollte zwischen einer und eineinhalb Stunden dauern. Ich persönlich ziehe eine Gruppe als ständige Einrichtung vor, an der die Menschen teilnehmen können, so lange sie wollen. Dieses Modell dient auch als Anlaufstelle für kürzlich Hinterbliebene.

Die Gruppe bietet eine verständnisvolle Atmosphäre, in der auch Teilnehmern, die mit ihrer Trauer nicht zurechtkommen, psychotherapeutische Beratung empfohlen wird.

Wie lange ist die Teilnahme an einer Selbsthilfegruppe erforderlich? So lange Sie das Bedürfnis haben und bis Sie alle Türen zu einem neuen Leben geöffnet haben, die Sie öffnen wollen.

Denken Sie daran, das ganze erste Jahr nach einem großen Verlust steht unter dem Motto: ›Das erste Mal ohne‹. Vor allem in diesem ersten Jahr brauchen Sie jeden Rückhalt und Zuspruch, den Sie bekommen können.

Eine Selbsthilfegruppe gibt Ihrem Verlust auch Bedeutung, wenn Sie Ihre Erfahrung einsetzen, um anderen zu helfen. Das ist kein unwesentlicher Punkt!

Anhang C enthält eine ausführliche Anleitung, wie Sie eine Gruppe gründen und wie Sie die ersten Sitzungen gestalten können.

Machen Sie aus Ihrem Verlust einen kreativen Neuanfang

Wenn Sie sich mit der Trauer anderer einlassen, müssen Sie eines wissen: *Sich um die Trauer anderer zu kümmern ist wie mit Wasser spielen. Sie kriegen auf alle Fälle etwas davon ab!*

Es wird Zeiten geben, in denen Sie an der Bürde Ihrer eigenen Trauer genug zu tragen haben. Sie können sich nicht vorstellen, sich auch noch mit der Trauer anderer zu befassen.

Es ist aber ein wunderbares Geheimnis um die Trauer. Je mehr Sie an der Trauer anderer teilhaben, desto besser kriegen Sie Ihre eigene Trauer in den Griff. Sie ist dadurch nicht weniger schmerzhaft, aber der Umgang mit ihr ist beträchtlich leichter geworden.

Wenn Sie Ihre Kämpfe und Entdeckungen anderen mitteilen und sich deren Geschichten anhören, wird aus Ihrem Schmerz ein kreativer Neuanfang. Ihr Leiden erhält neuen Sinn und eine Würde, die Sie zuvor nicht empfunden haben.

Die Menschen aus meinem Bekanntenkreis, die ihr inneres Gleichgewicht nach einem großen Verlust wieder ganz herstellen konnten, sind jene, die anderen am meisten geholfen haben.

Jeannes Ehemann starb nach 49 Jahren Ehe nach kurzer

Krankheit. Sie war damals über 70. Kurz darauf begann sie ihr Leben in den Dienst anderer zu stellen. Sie freundete sich mit einer jungen Mutter an, deren Ehemann Selbstmord begangen hatte, und gab dieser Frau in Zeiten tiefer Depression großen Rückhalt. Sie versorgt und pflegt ihre ältere Schwester, arbeitet freiwillig in einer Wohlfahrtseinrichtung der Stadt und ist Mitglied im Schulbeirat ihrer ehemaligen Schule. Sie ist jetzt über 80 und ein wahres Energiebündel!

Ich kann Ihnen kein Rezept nennen, wie Sie Ihre Trauer in einen kreativen Neuanfang umwandeln. Ich kann Ihnen nur sagen, daß Ihnen die Gelegenheit geboten wird, wenn Sie die Tür dazu öffnen.

Eine weitere Tür, die Sie öffnen können, liegt im Verzeihen. Wenn Sie diese Tür geschlossen lassen, blockieren Sie Ihre Fähigkeit, die Vergangenheit loszulassen und sich einem neuen Leben zuzuwenden.

Eine Übung im Verzeihen

Zwei zuverlässige Begleiterscheinungen der Trauer sind Wut und abgebrochene Beziehungen. Das gilt für einen Todesfall genauso wie für eine Scheidung. Sie spielen eine Rolle bei der Umsiedelung in eine fremde Stadt und anderen großen Verlusten.

Sie können folgende These aufstellen und liegen immer richtig: *Wer Trauer erleidet, kennt jemand, dem er verzeihen muß.*

Es ist natürlich auch möglich, daß es jemand gibt, der Ihnen verzeihen muß. Doch das ist dessen Aufgabe. Sie müssen verzeihen, und das ist Ihre Aufgabe.

Beginnen Sie mit der Beantwortung folgender Fragen:

Zu welchem Menschen hat sich Ihre Beziehung seit Ihrem Verlust verändert?

Geben Sie diesem Menschen eine Teilschuld an Ihrem Verlust?

Sofern Sie sich Ihrer Gefühle bewußt sind, empfinden Sie Wut, Groll oder Haß gegen diesen Menschen? Wenn ja, warum?

Können Sie diesem Menschen vergeben und Ihr Verzeihen zum Ausdruck bringen? Lautet die Antwort ja, finden Sie heraus, wie Sie das am besten bewerkstelligen, und lösen Sie diese Aufgabe.

Wenn Ihre Wut immer noch vorhanden ist, beantworten Sie folgende Fragen: Was richtet die Wut bei Ihnen an? In welcher Weise greift sie Ihre Selbstachtung an?

Welche anderen Beziehungen sind davon betroffen?

In welcher Weise raubt Ihre Wut Ihnen Energie und Lebensfreude? Beeinträchtigt die Wut Ihren Schlaf?

Teilen Sie die Ergebnisse dieses Fragebogens und Ihre Gefühle einer vertrauensvollen Person mit, die nichts mit dem Problem zu tun hat. Oder wenden Sie sich damit an Ihren Priester.

Finden Sie heraus, warum Sie nicht fähig sind zu vergeben. Suchen Sie nach tieferen Gründen für Ihre Verletzung und Ihren Zorn.

Schreiben Sie der Person, der Ihre Wut gilt, einen Brief, in dem Sie ihr vergeben, ob Ihnen nach Vergebung zumute ist oder nicht. Schreiben Sie, als wollten Sie vergeben.

Legen Sie den Brief in einen Umschlag, den Sie in Ihrem Tagebuch aufbewahren. Jeden Abend, wenn Sie Ihre Eintragungen machen, lesen Sie sich den Brief mit lauter Stimme vor. Verändern Sie den Text, wenn Ihre Gefühle sich verändern. Halten Sie daran fest, bis Sie das Verzeihen spüren.

Schicken Sie den Brief nicht ab, bevor Sie nicht sicher sind, daß Sie wirklich verzeihen.

Ich schlage vor, daß Sie eine Gelegenheit wählen, die eine besondere Bedeutung hat, um Ihr Verzeihen in die Tat umzusetzen.

Der Schritt des Verzeihens ist für Sie heilsamer als für die Person, der Sie verzeihen.

Die Bedeutung der Berührung

Während der ersten Tage nach Ihrem Verlust, in denen Schock und Betäubung Ihre Emotionen vereisen, finden Sie mehr Trost in körperlicher Berührung eines anderen als in Worten.

Auch im Lauf der folgenden Monate werden Sie den Menschen dankbar sein, die nicht krampfhaft nach richtigen Worten suchen, sondern Sie stumm in die Arme schließen.

Die Berührung eines anderen Menschen zählt in der Zeit eines schmerzlichen Verlustes mehr als zu jeder anderen Zeit Ihres Lebens.

Das begriff ich, als ich für eine ortsansässige Klinik tätig war. Meine Mitarbeiter und ich halfen dem protestantischen Kaplan bei seiner seelsorgerischen Tätigkeit. Mein erster Notruf kam aus der Intensivstation der Säuglingsabteilung.

Ein zu früh geborenes Baby hatte keine Überlebenschancen. Bei meiner Ankunft war das Neugeborene an Geräte angeschlossen, die seine Atmung übernahmen und jede seiner Körperfunktionen überwachten. Nach einiger Zeit stand eindeutig fest, daß das Baby nicht ausreichend entwickelt war, um zu überleben.

Es galt den entscheidenden Schritt zu tun, nämlich die lebenserhaltenden Geräte abzuschalten. Die Eltern und ich, wir hielten uns an den Händen, als die Schläuche und Drähte entfernt wurden. Jeder von uns durfte das winzige Geschöpf auf den Arm nehmen, streicheln und wiegen, während es starb.

Eine ähnliche Erfahrung hatte ich nie zuvor gemacht. Zunächst schien es mir grausam, den Eltern zuzumuten, ihr sterbendes Baby im Arm zu halten. Als ich das Kind hielt, begriff ich nach wenigen Sekunden die Weisheit dieser Entscheidung.

Das Kind war kein Fötus oder ein ›es‹, sondern ein wertvoller Mensch, den wir liebten und um den wir trauerten. Es war tröstlich, diesen winzigen Menschen zu halten, um ihn zu weinen und seinen Eltern zu sagen, wie hübsch er sei. Die Eltern bewunderten jeden Finger und jede Zehe und gaben ihm alle Zärtlichkeit, zu der sie fähig waren.

Ich sprach im Verlauf des nächsten Monats mehrmals mit diesen Eltern. Sie trauerten um ihren Sohn, waren aber auch stolz auf ihn. Er gehörte ihnen. Sie hatten ihn berührt. Er hatte sie berührt.

Auch ich hatte ihn berührt und war von ihm berührt worden. Irgendwie bin ich, ohne es ganz verstehen zu können, durch dieses Baby, das nur wenige Stunden in dieser Welt gelebt hat, ein besserer Priester und ein einfühlsamerer Mensch geworden. Und das lag daran, weil wir einander berührt hatten, da bin ich mir ganz sicher.

Ich berichte Ihnen das in der Hoffnung, Sie zu Berührungen zu motivieren, auch in solchen Momenten Ihrer Trauer, in denen Sie am liebsten der ganzen Welt den Rücken kehren wollen. Vielleicht denken auch Sie, Streicheln und Umarmungen seien zu solchen Zeiten nicht angebracht, wie ich damals in dieser Klinik. Ich möchte Sie davon überzeugen, daß Zärtlichkeit nicht nur angebracht ist, sondern Ihnen ein unendlich gutes Gefühl geben kann.

Am Ende jeder Sitzung unserer Trauer-Selbsthilfegruppe bilden wir einen Kreis, halten uns an den Händen und sprechen ein Gebet. Ich bin davon überzeugt, die gegenseitige Berührung ist für unser Wohlbefinden ebenso wichtig wie das Gebet.

Ich umarme Männer und Frauen, deren Lebenspartner gestorben ist, Eltern, die ihre Kinder verloren haben, Menschen, die mich nach einer Scheidung um Rat bitten, und jeden, der einen Verlust erlitten hat und zu mir kommt, um sich bei mir auszusprechen – diese Menschen umarme ich alle, auch wenn ich die meisten nie zuvor gesehen habe. Ich bin noch nie auf Ablehnung gestoßen, wurde von keinem zurückgewiesen.

Wir müssen lernen, daß Umarmungen eine gute Medizin gegen jedes Leiden sind. Eine Umarmung kann großen Trost spenden, wenn wir uns durch unsere Trauer kämpfen.

Frieden mit der Trauer schließen

Diese Übung macht die Hilfe eines Freundes mit einer angenehmen, beruhigenden Stimme nötig. Sie dient dem Zweck, Sie mit Ihrer Trauer auszusöhnen und Ihnen mehr Mut zu geben, die Türen zu einem neuen Leben zu öffnen.

Sie benötigen einen Kassettenrecorder und eine Leerkassette.

Bitten Sie Ihre(n) Freund(in), den folgenden Text wortgetreu auf Band zu sprechen. Der Erzähler soll in ruhigem Tonfall und getragenem Tempo sprechen. Erscheinen im Text drei Punkte (...), so bedeutet das eine Pause von etwa drei Sekunden.

Setzen Sie sich aufrecht in einen bequemen Stuhl, stellen die Füße flach auf den Boden, legen die Hände entspannt in den Schoß. Ziehen Sie die Schuhe aus, legen Sie die Brille ab und lockern Sie enge Kleidung. Sorgen Sie dafür, daß Sie nicht durch einen Anruf oder andere Ablenkungen gestört werden.

Der Erzähler spricht folgenden Text auf Kassette, den Sie nun abspielen:

»Konzentriere dich auf deine Atmung. Merkst du, wie du dich durch langsames, gleichmäßiges Atmen entspannst... atme mehrmals tief ein und aus... und entspanne dich dabei...

Nun machst du die sogenannten Atemzüge des Friedens. Es sind tiefe Atemzüge, die deinem Körper und deinem Geist zu verstehen geben, daß die Zeit gekommen ist, um Frieden zu schließen... Atme alle Luft aus deinen Lungen aus. Nun atme langsam durch die Nase ein und zähle bis acht... Atme die Luft stoßweise durch den Mund aus.

Nach zwei oder drei Atemzügen des Friedens nimmst du ein Kribbeln wahr... ein Zeichen dafür, daß du beginnst, dich zu entspannen.

Atme weiter langsam und tief; atme durch die Nase ein und durch den Mund aus. Schließe die Augen dabei... gut... Nun rolle deine Augäpfel bei geschlossenen Augenlidern nach links, so weit du kannst, als wolltest du dein linkes Ohr ansehen. Halte den Blick hinter geschlossenen Lidern weiter nach links gerichtet... es fällt dir vielleicht auf, daß deine Augenmuskeln und Lider angespannt sind...

Das ist gut, da ich dir den Unterschied zwischen Spannung und Entspannung zeigen möchte. Wenn ich bis drei zähle, lasse deine Augen wieder nach vorne rollen... eins... zwei... drei...

Nun wiederhole den Vorgang des Augenrollens zum rechten Ohr. Ich zähle bis drei und du läßt deine Augen wieder nach vorne rollen... eins... zwei... drei...

Spüre die wohltuende Ruhe um deine Augen und in deinem Nacken, atme weiter langsam und tief... einatmen durch die Nase, ausatmen durch den Mund...

Deine Gesichtsmuskulatur entspannt sich... um deine

Augen... in deinen Wangen... deiner Stirn... deiner Kopf-
haut... um den Mund, um das Kinn... dein Mund öffnet sich
ein wenig... das ist gut... atme ruhig weiter... einatmen
durch die Nase, ausatmen durch den Mund...

Deine Nackenmuskeln entspannen sich... dein Kopf fällt
nach vorn... du spürst die Entspannung und die Ruhe in deinen
Schultern... in deinem Rücken... die Wirbelsäule entlang...
bis hinunter in den Beckenbereich...

Nun fließt diese Ruhe durch deine Arme bis in deine Hände
und Finger... durch deine Beine bis in deine Füße und Zehen.
Atme weiter langsam und tief..., einatmen durch die Nase,
ausatmen durch den Mund.

Du spürst vielleicht deinen Herzschlag... Manche Leute
sagen, sie spüren oder hören ihr Blut in den Adern rauschen.
Was du auch fühlst, es ist die Sprache deines Körpers, mit der
er seine Entspannung und Ruhe zum Ausdruck bringt...

Gehe zurück in deinen Kopf und nimm eine friedliche Prüfung vor... Findest du eine Stelle, wo du noch immer Spannung hältst?... Wenn das so ist, laß diese Spannung los...

Du bist weiterhin entspannt und ganz ruhig... so ruhig, wie
du dich seit langem nicht gefühlt hast... Widme dich wieder
deiner Atmung... sage dir mit jedem Ausatmen, ich bin ganz
entspannt...

Wenn du ganz entspannt bist... genieße dieses Gefühl...
überlasse deinen Körper dem Frieden... Laß diesen Frieden in
deinen Magen und deine inneren Organe ein...

Du bist jetzt in einem völlig friedlichen, entspannten Zustand. Jetzt laß deine Trauer zu, sie ist nicht mehr das schmerzhafte Leiden... sie ist ein natürlicher Teil deines Lebens... du
hast Frieden geschlossen mit deiner Trauer. Atme weiter ruhig
und tief...

Laß deine Phantasie ein neues Leben für dich erschaffen,
das du in Zukunft haben möchtest... betrachte alle Möglichkeiten für dich. Lasse dich auf deine Wünsche ein. Atme ruhig
weiter und sage dir mit jedem Atemzug: ›Ich werde meinen
Traum erfüllen‹... sage alles, was du dir sagen willst...

Wenn du diese Übung beendest, wirst du dich so erfrischt
fühlen, als hättest du erholsam geschlafen. Du wirst entspannt

und dennoch voll Energie sein. Du wirst ein neues Wohlbefinden verspüren und einen neuen Vorsatz für dein Leben fassen...

Du kannst dich mit dieser Atemübung jederzeit in diesen Zustand des Friedens versetzen... Nun atme normal weiter... Wenn ich rückwärts zähle von fünf bis eins, öffnest du deine Augen und bist vollkommen wach...

5... 4... 3... 2... 1... Sehr gut!«

Hören Sie sich dieses Band so oft Sie wollen an. Die größte Wirkung erzielen Sie damit nach dem neunten Monat Ihres Verlustes.

Wenn Sie an dem Punkt angelangt sind, wo Sie neue Türen zu Ihrem Leben öffnen, haben Sie sich nicht nur das Recht auf Ruhe und Frieden verdient, Sie dürfen sich auch ein wenig ›verwöhnen‹.

Die folgenden Vorschläge sollen Ihnen bei Ihren Überlegungen helfen, was Sie für sich Gutes tun können. Es bleibt Ihrer Phantasie überlassen, weitere Punkte hinzuzufügen.

Es ist in Ordnung wieder zu leben

Sie können mit ein paar relativ einfachen Aktivitäten das Öffnen neuer Türen symbolisieren:

● Legen Sie sich eine neue Frisur zu. Sie bleibt völlig Ihrer Wahl überlassen.
● Suchen Sie einen Farbberater auf, das heißt, einen Modeexperten, der Ihnen sagt, welche Farben am besten zu Ihrem Hauttyp und Ihrer Haarfarbe passen. Kaufen Sie sich neue Kleider in Ihren Idealfarben.
● Unternehmen Sie eine Reise, die Sie bisher wegen anderer Verpflichtungen nicht machen konnten.
● Richten Sie ein Zimmer neu ein. In manchen Fällen wirken Farbe, neue Tapeten und ein paar Kleinigkeiten wahre Wunder.
● Ändern Sie Ihre Eßgewohnheiten, nehmen Sie Ihre Mahlzeiten zu einer anderen Zeit und an einem anderen Platz ein.

Kapitel 15

Sie selbst sind Ihr bester Freund
Der Abschluß Ihrer Reise

Niemand erleidet gern einen Verlust. Verlust ist immer schmerzhaft, ob es ein kleiner Verlust und ein kleiner Schmerz ist oder ein großer Verlust – etwa der eines Kindes – und ein unermeßlich großer Schmerz.

Als normaler, gesunder Mensch wollen Sie auf der Siegerseite des Lebens stehen. In Ihrer Kindheit hörten Sie gern Erfolgsgeschichten. Man hat Ihnen beigebracht, größer und mehr sei besser und gewinnen mache wesentlich mehr Spaß als verlieren.

Irgendwann mußten Sie einen kleinen Verlust einstecken. Sie erlebten Enttäuschungen, die Ihr Leben mindestens 48 Stunden ›ruinierten‹. Ein wohlmeinender Freund fragte Sie: »Was hast du bloß gemacht, um das zu verdienen?« Und Sie waren ziemlich sicher, daß Sie etwas falsch gemacht hatten.

Jetzt haben Sie einen großen Verlust erlitten. Dieser Verlust prägt Ihr Leben seit über einem Jahr. Trauer wurde Ihr ständiger Begleiter. Trauer hat Ihre Emotionen ausgelaugt und Ihnen alle Freude am Leben genommen. Aber Sie ›verdienen‹ das Leiden nicht, das Sie bisher durchgemacht haben.

Jeder Mensch wird in seinem Leben von Verlusten heimgesucht und trauert um diese Verluste. Sie verdienen nicht den Schmerz, die Erschöpfung, die Leere, die Traurigkeit oder die Enttäuschung. Ich hoffe, daß Sie mittlerweile begriffen haben, daß Gott Ihnen Ihren Verlust nicht willentlich auferlegt hat. Keine göttliche Gerichtsbarkeit hat Sie für Ihre Verfehlungen bestraft.

Sie sind ein Mensch. So lange Sie leben, werden Sie immer wieder Verluste ertragen müssen. Manche Verluste sind klein und werden bald in Vergessenheit geraten. Andere Verluste werden den Verlauf Ihres Lebens ändern.

Nach dem ersten Jahrestag eines großen Verlustes können Sie wenigstens ein Gutes sagen: *Sie haben es geschafft!* Das ist besonders wichtig, wenn Ihre Trauer sich auf einen Todesfall oder eine Scheidung bezieht.

Es liegt schließlich an Ihnen, ob Ihre großen Verluste Sie vernichten oder Ihnen helfen, eine stärkere, ausgeglichenere Persönlichkeit zu werden. Niemand kann Sie dazu veranlassen, durch einen Verlust zu wachsen, es kann Sie aber auch nichts davon abhalten.

Wenn Sie sagen: »Ich habe dieses Jahr heil überstanden«, bestätigen Sie damit, eine große Leistung vollbracht zu haben.

Irgendwann zwischen dem ersten und zweiten Jahrestag Ihres Verlustes werden Sie einen neuen guten Freund kennenlernen – sich selbst.

Sie waren ganz tief unten. Sie haben die schlimmsten Erfahrungen Ihres Lebens gemacht. Sie haben größere seelische Schmerzen über längere Zeit hinweg ertragen, als Sie je für möglich gehalten hätten.

Sie haben Entscheidungen getroffen, die Ihnen noch vor wenigen Monaten unmöglich gewesen wären. Mitten in Ihrem eigenen Schmerz haben Sie sich anderen Menschen zugewandt, die ebenfalls trauerten.

Nun beginnen Sie, die Möglichkeiten eines neuen Lebens zu erforschen. Sie haben nicht um ein neues Leben gebeten. Sie wollten es nicht. Aber jetzt, da ein neues Leben vor Ihnen liegt, machen Sie das Beste daraus. Dieses neue Leben bietet Ihnen neue Freuden.

Trotz der fortdauernden Einsamkeit fassen Sie wieder Fuß in Ihrem Leben. Sie wissen jetzt, daß Sie ein außergewöhnlicher Mensch sind.

Auf dem Weg Ihrer Trauerbewältigung haben Sie große Schwierigkeiten überwunden und kennen sich jetzt besser als zuvor. Um ein neues Leben nach dem Verlust aufzubauen, müssen Sie sich Ihrer Stärken und Ihrer Schwächen bewußt sein.

Folgende Übung wird Ihnen helfen, diese beiden Aspekte deutlicher zu erkennen.

Bester Freund – schlimmster Feind

Nehmen Sie einen DIN-A4-Bogen zur Hand, den Sie der Länge nach in zwei Hälften teilen, indem Sie entweder das Blatt in der Mitte vertikal falten oder einen senkrechten Strich ziehen.

Auf die linke Seite des Blattes schreiben Sie ›Schlimmster Feind‹. Auf die rechte Seite schreiben Sie ›Bester Freund‹.

Nun denken Sie über folgende Aussagen nach:

- *In mancher Hinsicht ist jeder von uns sein schlimmster Feind.*
- *Umgekehrt ist jeder von uns in mancher Hinsicht sein bester Freund.*
- *Als unser schlimmster Feind erschaffen wir innere Konflikte und erschweren uns, die Dinge zu tun, die wir tun müssen.*
- *Als unser bester Freund bringen wir besondere Fertigkeiten, Talente und Qualitäten in alles ein, was wir tun.*

Tragen Sie nun in die linke Spalte des Blattes ein, in welcher Hinsicht Sie Ihr schlimmster Feind sind. In die rechte Spalte tragen Sie ein, in welcher Hinsicht Sie Ihr bester Freund sind. Gehen Sie beide Listen durch. In welcher Hinsicht kann Ihr ›bester Freund‹ Ihrem ›schlimmsten Feind‹ helfen?

Kann ein Berater Ihnen helfen, Ihre Wesenszüge des schlimmsten Feindes abzulegen? Wenn ja, nehmen Sie diese Hilfe in Anspruch. Sprechen Sie über Ihre Listen mit Ihrer Selbsthilfegruppe, Ihrem Priester oder Berater.

Im Verlauf Ihrer weiteren Arbeit durch Ihren Verlust und Ihre Trauer werden die Aufgaben, die im zweiten Jahr vor Ihnen liegen, nicht so schwer sein, wie die, die bereits hinter Ihnen liegen. Der schwierigste Zeitraum liegt in der Gegend von 18 Monaten, wenn Ruhelosigkeit und Ungeduld zurückkehrt. Diese Phase wird nicht von Dauer sein. Sie haben jetzt auch Ihren besten Freund in sich gefunden, der Ihnen helfen wird, dieses Hindernis auf dem Weg zur Genesung zu überwinden.

Wenn Sie sich vom Tod Ihres Ehepartners oder einer Scheidung erholen, werden Sie Ihre Energie hauptsächlich darauf verwenden, Ihrer Einsamkeit zu entgehen. Andere große Verluste können Ihnen die gleiche Aufgabe stellen.

Loslassen

Es ist sehr schmerzhaft, die emotionalen Bindungen zu dem verlorenen Teil Ihres Lebens loszulassen.

Nach dem Tod Ihres Lebenspartners mag Ihnen bereits der Gedanke an einen anderen Menschen als Treuebruch oder Sünde erscheinen.

Nach einer gescheiterten Ehe haben Sie das Vertrauen an alle Menschen verloren.

Es fällt schwer, sich von sentimentalen Bindungen an den Ort, an dem Sie den Großteil Ihres Lebens verbracht haben, zu lösen.

Sie werden Ihr Gleichgewicht erst dann wieder völlig finden, wenn Sie Ihre emotionale Bindung zu dem aufgeben, was Sie verloren haben.

Denken Sie über Ihren Verlust nach. Ist die Zeit gekommen, daß Sie Ihre emotionale Bindung an den Verstorbenen lösen? An die Ehe, die nicht mehr existiert? An eine Lebensphase, die für Sie von besonderer Bedeutung war? An einen anderen Verlust?

Tony fällt es sehr schwer, die Tatsache zu akzeptieren, daß er über 40 ist. Seine ständig zunehmenden grauen Haare stellen für ihn eine wirkliche Bedrohung dar. Er kann sich nicht von dem Bild lösen, wie er als junger Mann aussah. Sein ältester Sohn wird bald 20, und Tony stellt unvernünftig hohe Ansprüche an ihn. Der Sohn kann Tony nichts recht machen. Er glaubt, sein Vater wolle ihn aus dem Haus haben, weil er seinen Anblick nicht länger ertrage. Ich glaube, daß er damit recht hat, aber nicht aus den von ihm angenommenen Gründen. Der Sohn erinnert den Vater Tag für Tag an das unaufhaltsame Altern.

Tony hatte in den vergangenen Jahren mehrere Affairen mit jüngeren Frauen. Er trinkt zu viel und geht leichtfertig mit Geld um.

Wenn Tony sich nicht von seiner Angst vor dem Altwerden löst, wird er wohl bald seine Familie verlieren.

Das Loslösen von Vergangenem bedeutet nicht, daß Sie die Bedeutung dieses Lebensabschnittes vergessen oder verleugnen sollen. Es bedeutet nicht, daß Sie Ihr verstorbenes Kind oder Ihren verstorbenen Lebenspartner oder Elternteil nicht länger lieben. Es bedeutet lediglich zu begreifen, daß dieser Mensch nicht Teil Ihres gegenwärtigen Lebens ist, daß er nur in Ihrer Erinnerung lebt. Sie lösen sich von Ihrer Bindung, um neue Türen Ihres Lebens zu öffnen.

Die Übungen ›Einen Abschiedsbrief schreiben‹, ›Frieden mit der Trauer schließen‹ und ›Neue Türen öffnen‹ aus Kapitel 14 helfen Ihnen, dieses Loslassen zu erleichtern.

Neuorientierung

Der nächste Schritt ist die Bereitschaft, Ihrem Leben eine neue Richtung zu geben.

Sie werden sich nicht aus Ihrer Einsamkeit lösen, wenn Sie über Lösungen *nachdenken*. Sie werden eine Bindung an die Vergangenheit nicht aufgeben, wenn Sie darauf *warten,* daß diese Bindung sich löst.

Sie überwinden Ihre Einsamkeit, wenn Sie sich für andere Menschen interessieren. Wenn Sie erkennen, daß Sie Ihr bester Freund sind, können Sie anderen Menschen Ihre Freundschaft antragen. Sie denken nicht nur daran, Sie tun es.

Die Menschen aus meinem Bekanntenkreis, die sich mit Erfolg bemühten, die Einsamkeit nach einem großen Verlust aus ihrem Leben zu verbannen, haben sich dafür eingesetzt, anderen Menschen zu helfen, die Verluste erlitten haben, haben soziale Aufgaben übernommen, sich um Familienmitglieder gekümmert und neue Freundschaften entwickelt.

Sich von der Bindung an Ihre Vergangenheit zu lösen, ist eine Aktivität. Sie lassen los, indem Sie Ihrer Bindung an die Gegenwart eine neue Richtung geben.

Für Verwitwete kann das eine neue Beziehung mit einem Vertreter des anderen Geschlechts sein. Für Eltern, die ein Kind verloren haben, kann das bedeuten, die Aufmerksamkeit auf ein anderes Kind in der Familie zu lenken, ein neues Baby zu planen oder ein Kind zu adoptieren. Nach einem Umzug in eine fremde Stadt bedeutet das, einem Sportclub oder einem anderen Verein beizutreten und sich mit der Stadt und ihrer Geschichte zu befassen.

Die Übung ›Es ist in Ordnung, wieder zu leben‹ aus Kapitel 14 nennt Beispiele, wie man sich in einem neuen Leben zurechtfindet.

Ein weiterer positiver Ansatz ist die Verwirklichung eines Vorhabens, das Sie vor Ihrem Verlust geplant hatten, ohne es damals ausgeführt zu haben.

Susan wollte schon immer eine Kanufahrt durch den Grand Canyon machen. Ihr Ehemann Jim hielt nichts von dieser Idee. Das Thema gab Anlaß zu einigen Auseinandersetzungen. Als Jim an Krebs erkrankte, vergaß Susan die Kanufahrt. Jim und die gemeinsame Zeit, die ihnen noch verblieb, nahm ihr ganzes Interesse in Anspruch.

Etwa 14 Monate nach Jims Tod machte Susan mit ihren beiden Söhnen die Kanufahrt durch den Grand Canyon. Die Entscheidung fiel ihr schwer und es gab Augenblicke der Traurigkeit und Tränen während dieses Ausflugs. Aber er stellte auch den Wendepunkt in ihrer Trauer dar. Sie nahm später ihr Studium wieder auf, arbeitet heute in einem gut bezahlten Beruf und ging vor kurzem zum ersten Mal mit einem Mann aus − sehr zur Heiterkeit ihrer Söhne.

Beginnen Sie sich in Ihren Tagebucheintragungen auf Ihre Pläne, neue Aktivitäten und neue Menschen einzustellen.

Wieder Kontakt aufnehmen

Sie sind an einem Punkt Ihres Lebens angelangt, an dem Sie Ihre Emotionen wieder auf Ereignisse in der Gegenwart richten. Sie können sich vorstellen, einen neuen Lebenspartner zu lieben. Sie besuchen nicht mehr zwanghaft das Grab Ihres verstorbenen Kindes, obgleich Sie es nach wie vor an Feiertagen, Gedenktagen und sonstigen Gelegenheiten mit Blumen schmücken.

Ich erinnere mich sehr deutlich an eine Situation fast drei Jahre nach unserem Umzug nach Arizona. Bei der Rückkehr von einer Reise in unsere alte Heimatstadt kam uns die Fahrt nach *Arizona* vor wie eine Heimreise. An der Bundesgrenze hielten wir an und vergossen ein paar Tränen bei der Erkenntnis. Diese Tränen waren das letzte Anzeichen von Trauer und wir fühlten uns von da an in unserer neuen Heimat sichtlich wohler.

Ich kann Ihnen nicht sagen, wann Sie wieder für eine Ehe, ein nächstes Kind, einen neuen Arbeitsplatz oder eine fremde Stadt bereit sind. Vielleicht nehmen Sie keine der gebotenen Gelegenheiten wahr. Wichtig daran ist nur, daß Sie dafür bereit sind.

Wenn Sie die Vergangenheit losgelassen haben, zukunftsorientiert sind und wieder Verbindung mit der Gegenwart aufgenommen haben, werden nicht alle Ihre Probleme aus der Welt geschafft sein, aber Einsamkeit wird für Sie kein Problem mehr darstellen.

Verlust und Sexualität

Wenn Sie verwitwet oder geschieden sind, stellt das Thema Sex einen bedeutenden Faktor in Ihrem neuen Leben nach dem Verlust dar.

Ich stelle immer wieder fest, daß Verwitwete größere Schwierigkeiten haben, über Sexualität zu sprechen als Geschiedene. Das mag zum Teil am Unterschied der Altersgruppen liegen. Was nicht heißen soll, daß Witwen in ihren 60ern oder 70ern nicht länger an Sexualität interessiert wären. Sie gehören aber einer Generation an, die das Thema Sex nicht in der Öffentlichkeit diskutiert – und schon gar nicht mit ihrem Priester!

Allein in den USA leben 10 Millionen Witwen. Die Chancen einer Frau über 30 liegen nicht höher als 1:2. Die Chancen einer Frau über 50 sind weit geringer.

Jedes Jahr kommen etwa doppelt so viele neue Witwen als Witwer hinzu. Das ist der Grund, warum die meisten älteren Männer verheiratet sind und die meisten älteren Frauen nicht.

Ich habe den Eindruck, daß Verwitwete länger allein bleiben als Geschiedene. Das ist hauptsächlich darauf zurückzuführen, daß der oder die Verwitwete dem verstorbenen Lebenspartner die Treue bewahren will. Außerdem gilt in unserer Gesellschaft die verrückte ›Regel‹, wonach es für Verwitwete weniger ›schicklich‹ ist als für Geschiedene, ihr Verlangen nach Sex und Intimität zu befriedigen.

Das scheint um so seltsamer, wenn man sich vorstellt, daß Verwitwete im Normalfall Beziehungen hatten, deren Intimität intakter war als bei Geschiedenen.

Sowohl Verwitwete als auch Geschiedene sagen aus, daß flüchtige sexuelle Begegnungen mehr Probleme aufwerfen als die Frustration und Einsamkeit sexueller Enthaltsamkeit.

Wege zur Sublimierung sexueller Energie sind für viele Menschen hilfreich. Sie setzen einen Teil ihrer Sexualität durch Betätigung in künstlerischen, kreativen oder sozialen Bereichen um.

Einige mutige Menschen haben offen bekannt, daß Masturbation sie eine Weile von sexuellen Spannungen erlöst. Doch das Verlangen, mit einem anderen zu reden, jemand in den Arm zu nehmen, zu streicheln, bleibt nach wie vor bestehen.

Ich lege Ihnen nahe, dieses Problem auszusprechen. Darüber muß in der Gruppe und mit Beratern diskutiert werden. Es gibt keine einfachen Antworten und keine Rezepte. Verurteilung oder Moralpredigten führen zu nichts.

Betty Jane Wylie schreibt in ihrem ausgezeichneten Buch *The Survival Guide for Widows:* »... Sie selbst bestimmen die Grenzen Ihres Verhaltens und nicht die Gesellschaft, in der Sie leben.«

Finanzangelegenheiten

Auch Geld ist ein Bereich Ihres Heilprozesses. Der Gedankensprung von Sexualität zu Geld scheint vielleicht gewagt. Aber auch Geld stellt ein Tabu dar und ist für Verwitwete und Geschiedene ein Thema von besonderer Wichtigkeit.

Wenn ich in einer Witwengruppe die Frage stelle, welchen Rat sie jungen Ehepaaren zur Vorbereitung auf den Verlust eines Partners am dringendsten geben würden, erhalte ich die einstimmige Antwort, die jungen Leute sollen sich in finanzieller Hinsicht absichern.

Wenn Sie verwitwet oder geschieden sind, haben sich Ihre Einkommensverhältnisse vermutlich verringert. Als Frau mußten Sie sich vermutlich nach langen Jahren wieder beruflich neu orientieren. Als geschiedener Mann mit Kindern wissen Sie, was es bedeutet, die Kosten des Unterhalts für die Kinder und für zwei Wohnsitze zu tragen.

Meine verwitweten Bekannten würden Ihnen raten, einen Buchhaltungskurs zu besuchen, wenn Ihr verstorbener Ehepartner das Scheckbuch verwaltete und die Rechnungen bezahlte. Meine geschiedenen Freundinnen würden einer geschiedenen Frau raten, sich umgehend bei ihrer Bank nach den günstigsten Bedingungen für einen Überziehungskredit zu erkundigen.

Aller Wahrscheinlichkeit nach müssen Sie sich in jedem Fall mehr um Geldeinteilung und um den Umgang mit Kreditkarten kümmern als bisher. Nach all dem emotionalen Aufruhr und dem Trauma Ihrer Trauerarbeit dürfen Sie sich nicht auch noch finanzielle Probleme aufladen.

Ernährung und Ihr neues Leben

Gesunde Ernährung und körperliche Fitneß sind für Ihren Heilprozeß von äußerster Wichtigkeit. Die Bedeutung von Ernährung und sportlicher Betätigung wird viel zu wenig beachtet. Je klarer mir die Wichtigkeit dieser Faktoren wird, desto besser begreife ich, warum manche Menschen mit ihrer Trauer weitaus besser umgehen, als andere.

Hal rief mich an, weil er deprimiert war. Er hatte berufliche Rückschläge und persönliche Enttäuschungen zu verarbeiten. Er sei bei Psychologen und Psychiatern gewesen. Er habe Medikamente gegen seine Depression eingenommen und an einer Gruppentherapie Milieugestörter teilgenommen. Nichts hätte ihm geholfen. Er fühle sich nur noch schlechter.

Ich glaubte nicht, Hal helfen zu können, nachdem so fundierte Behandlungsmethoden keinen Erfolg erzielt hatten. Ich versuchte ihn zu überreden, einen weiteren Psychologen aufzusuchen, aber er weigerte sich. Also vereinbarte ich einen Termin mit ihm, ohne zu wissen, was ich mit ihm anfangen sollte.

Als Hal mir gegenübersaß und wir anfingen, miteinander zu sprechen, machte er eine Bemerkung, die mein Interesse an seinen Eßgewohnheiten weckte. Er war etwas verdutzt, daß ich von ihm wissen wollte, was er denn so aß, statt mich nach seinen emotionalen Problemen zu erkundigen. Noch verdutzter war er, als ich von ihm verlangte, einen Ernährungsspezialisten aufzusuchen, bevor wir uns weiter unterhielten.

Zwei Tage später rief er mich mit aufgeregter Stimme an. Die Untersuchung hatte ergeben, daß er an Hypoglykämie leide – einer Verminderung des Blutzuckers. Sie kann in extremen Fällen dramatische Stimmungsschwankungen hervorrufen.

Und genau das traf auf Hal zu. Er änderte seine Ernährung und nach weniger als zwei Wochen war seine Depression verschwunden. Sein Umgang mit anderen Menschen normalisierte sich. Er konnte mit neuer Energie und Entschlossenheit daran gehen, seine Verluste zu verarbeiten. Keines seiner früheren Probleme tauchte je wieder auf.

Hal hätte jahrelang in die Therapie gehen, sich mit Medikamenten vollstopfen können, seine Selbstachtung wäre trotz allem allmählich immer tiefer gesunken. Alles, was er brauchte, um einen Neuanfang zu machen, war eine Umstellung seiner Ernährung.

Für Sie ist es ebenso wichtig, während der Dauer Ihrer Trauerarbeit auf Ihre Ernährung zu achten, wie es das für Hal gewesen ist. Auch wenn Sie kein Problem mit dem Blutzucker haben, besteht die Gefahr, daß bestimmte Nahrungsmittel für Sie weniger gut verträglich sind, was sich nachteilig auf Ihre emotionale Energie auswirken kann.

Bestimmte chemische Substanzen, die natürlich in einigen Nahrungsmitteln vorkommen, wirken sich positiv auf Ihre Energie und Ihre Stimmungen aus. Manche dieser Substanzen vertreiben Müdigkeit. Andere wiederum wirken schlaffördernd, beruhigen die Nerven und setzen das Schmerzempfinden herab. Wieder andere fördern die Denkfähigkeit.

Große Mengen Koffein, Zucker und Alkohol helfen Ihnen nicht, die Belastung Ihrer Trauer zu erleichtern. Genausowenig ist eine Ernährung zu empfehlen, die vorwiegend aus Gebratenem besteht.

In Anhang B finden Sie eine Liste zu empfehlender Nahrungsmittel.

Sie erweisen sich einen großen Dienst, wenn Sie einen Ernährungsspezialisten aufsuchen, von dem Sie sich beraten lassen, was Sie essen sollen und welche Nahrungsmittel Sie vermeiden sollen.

Körperliche Fitneß

Ich rate Ihnen auch dringend zu möglichst viel körperlicher Bewegung. *Spazierengehen ist eine ausgezeichnete Betätigung und ein probates Heilmittel gegen Depression.*

Bevor Sie ein anstrengendes Sportprogramm beginnen, ist es ratsam, sich von Ihrem Arzt gründlich untersuchen zu lassen.

Treten Sie einem Sauna- oder Fitneßclub bei, das ist nicht nur Ihrer Gesundheit förderlich, sondern gibt Ihnen auch Gelegenheit, soziale Kontakte zu schließen.

Das Leben geht weiter

Auf dem Weg durch Ihre Trauerarbeit können Sie Ihr bester Freund sein. Das ist eine der großen Entdeckungen auf der Reise von Verlust zu einem Neuanfang.

Alle in diesem Buch beschriebenen Übungen dienen dazu, Ihnen wieder Lebensmut und innere Ausgeglichenheit zu geben. Das ist nicht leicht und dauert seine Zeit. Aber Sie können aus den Tiefen Ihres Verlustes als gesunder, kraftvoller Mensch hervorgehen.

Es kommt der Tag, an dem Sie spüren, die Zeit ist da, um die Vergangenheit abzuschließen und sich der Gegenwart und Zukunft zuzuwenden. An diesem Tag sind Sie am Ziel Ihrer Reise angekommen und haben Ihre Arbeit abgeschlossen. Sie sind wieder ein ganzer Mensch.

Kapitel 16

Sich auf Verlust vorbereiten
Eine neue Dimension der Ganzheit

Es gibt keine Möglichkeit, sich auf den Verlust eines geliebten Menschen vorzubereiten! Diesen Satz haben Sie häufig gehört. Vermutlich haben Sie ihn schon selbst ausgesprochen. Es ist tatsächlich so, daß die meisten von uns glauben, es gäbe keine Möglichkeit, um sich auf einen großen Verlust im Leben vorzubereiten. Wie viele Menschen auch glauben mögen, man könne sich mit nichts auf einen Verlust vorbereiten, *es stimmt nicht!*

Wenn Sie noch keinen großen Verlust erlitten haben, müssen Sie wissen, daß Sie einem solchen unausweichlichen Ereignis in Ihrem Leben nicht hilflos ausgeliefert sind. Sie können sich auf Verlust vorbereiten, auch darauf, daß Ihnen der Tod einen Lebenspartner, ein Kind, Elternteil, Geschwister, Freund nimmt, daß Sie einen Partner durch Ehescheidung verlieren, einen Umzug in eine fremde Stadt oder ein fremdes Land vornehmen müssen, Sie können sich auf Ihre Pensionierung vorbereiten und darauf, daß Ihr Kind das Elternhaus verläßt, auf eine große Operation, auf den Verlust eines Arbeitsplatzes und auf jede andere große Veränderung in Ihrem Leben.

Wenn Sie bereits einen großen Verlust erlitten haben, gibt Ihnen das nicht die Garantie, ein zweites Mal vor einem solchen Schicksalsschlag bewahrt zu bleiben. Wenn Sie beim ersten Mal unvorbereitet waren, ist das kein Grund, sich jetzt nicht vorzubereiten. Marge, deren Ehemann seit vielen Jahren krank war, schilderte ihre Angst, die seine Krankheit ihr einjagte. »Ich komme mir vor wie eine Ameise, die einer Lawine zu entfliehen sucht. Alles ist außer Kontrolle geraten und rast auf mich zu. Ich kann nur auf seinen Tod warten. Ich spreche nicht darüber, weil ich nicht weiß, was ich dagegen tun kann. Ich warte stumm auf die Katastrophe.«

Das Schweigen brechen

Das erste, was Sie tun können, um sich auf einen Verlust vorzubereiten, ist die stillschweigende Übereinkunft brechen. Viele Menschen leben in dem Aberglauben: »Wenn du vom *Bösen* sprichst, rufst du es herbei.« Die meisten Menschen glauben natürlich nicht an solchen Unsinn — aber wir schweigen trotzdem.

Eine Witwe sagte mir einmal: »Bill und ich, wir sprachen nie über den Tod. Er glaubte, wenn wir darüber reden, müsse einer von uns sterben.« Die beiden sprachen nicht über den Tod und Bill starb mit 80. Seine Witwe blieb zurück mit einer Menge offener Fragen und einem Schuldgefühl, das den Schmerz ihrer Trauer noch vertiefte.

Zwei Jahre nach seinem Tod schaffte sie die Gartenarbeit nicht mehr. Bill hatte eine Menge Stauden und Blumen im Garten gepflanzt. Sie hatte ihm zu seinen Lebzeiten immer schon sagen wollen, daß ihr die viele Gartenarbeit wegen ihrer Arthritis zu mühsam sei, wagte aber nicht, das Gespräch darauf zu bringen, da sie fürchtete, er könne den Eindruck gewinnen, sie mache bereits Pläne für die Zeit nach seinem Tod. Irgendwann entschloß sie sich, die Pflanzen entfernen zu lassen. Danach verfiel sie in monatelange Depression, weil sie glaubte, Bill damit furchtbar gekränkt zu haben.

Die Vorbereitung auf einen Verlust ist eine Vorbereitung auf das Leben

Sich auf einen Verlust vorzubereiten, ist nicht morbide, hat nichts mit einer pessimistischen Lebenseinstellung zu tun, ist vielmehr die Haltung eines Optimisten, der gleichzeitig Realist ist. Eine gesunde Einstellung lautet nicht: *Ich bin vor Schicksalsschlägen gefeit.* Sie lautet vielmehr: *Ich habe die Kraft, jeden Verlust in meinem Leben zu ertragen.*

Der Schmerz der Trauer läßt sich nicht vermeiden, und die Schritte durch den Trauerprozeß, die in diesem Buch geschildert sind, müssen getan werden. Ich kenne keinen Umweg, der uns die Schmerzen eines großen Verlustes ersparen würde. Sich auf Verlust vorzubereiten bedeutet, Kraft zu schöpfen, um die

Aufgabe zu bewältigen, Ihre Trauer in den Griff zu bekommen. Das ist weder leicht noch angenehm. Aber es ist notwendig und es ist möglich.

Sobald Sie die Überzeugung gewonnen haben, daß Sie etwas tun können, um sich auf die unvermeidlichen Verluste des Lebens vorzubereiten, haben Sie Ihr eigenes Schicksal in die Hand genommen. Das kann bereits eine neue Erfahrung sein. Sie werden sich nicht länger verwundbar oder hilflos fühlen. Unvorhersehbare Schicksalsschläge verlieren ihre Wucht, mit der sie Ihr Leben zerstören können.

Während ich diese Worte niederschrieb, erreichte mich ein Telefonanruf von Eltern, deren dreijährige Tochter bei einem Autounfall ums Leben gekommen war. *Tragische Schicksalsschläge sind nicht aus unserem Leben wegzudenken!* Schicksalsschläge sind unvermeidbar. Sie können sich nur darauf vorbereiten, die Trauer, die solchen Verlusten folgt, zu tragen.

Sich körperlich auf Trauer vorbereiten

Körperliche Gesundheit ist für die Arbeit durch einen großen Verlust eine ebenso wichtige Voraussetzung wie geistige Gesundheit. Gesunde Ernährung, körperliche Bewegung, richtige Flüssigkeitszufuhr und ausreichende Ruhe sind *während* der Trauerzeit unendlich wichtig. Sie sind gleichermaßen wichtig bei der *Vorbereitung* auf die Trauer. Unabhängig von Ihrem Alter oder Ihrer körperlichen Grenzen können Sie Ihren Gesundheitszustand ohne große Mühen verbessern.

Ich rate zu regelmäßigen Untersuchungen bei Ihrem Hausarzt, eine Umstellung auf gesunde Ernährung und Vollwertkost sowie regelmäßige sportliche Betätigung im Rahmen Ihrer Möglichkeiten. Warten Sie mit diesen Maßnahmen nicht, bis Sie von einem schweren Verlust getroffen werden.

Niemand schafft perfekte Trauerarbeit

Meiner Erfahrung nach kommen Menschen mit unrealistischen Erwartungen an sich selbst nicht gut mit Verlusten und ihrer Trauer zurecht. Wenn Sie zu den Menschen gehören, die stets ein bißchen mehr von sich selbst verlangen als sie eigentlich verkraften, fügen Sie Ihrer Trauer unnötige Frustration und Schuldgefühle hinzu. Niemand schafft perfekte Trauerarbeit. Man stolpert und gleitet aus, man geht drei Schritte vor und zwei zurück, man tut sein Bestes und stellt fest, es war nicht gut genug.

Prüfen Sie, ob Sie unrealistische Normvorstellungen für sich selbst haben und verändern Sie Ihre Erwartungshaltungen. Lernen Sie, geduldiger mit sich selbst zu sein, bevor Sie sich der Aufgabe Ihrer Trauer stellen müssen.

Wenn Sie noch keinen großen Verlust erlitten haben, arbeiten Sie trotzdem einige der Übungen in diesem Buch durch. Fragen Sie sich, wie Sie auf den Tod eines lieben Menschen reagieren würden, wie Sie sich in einer völlig fremden Umgebung, ohne Freunde und Bekannte, zurechtfinden würden oder wie Sie auf eine Scheidung reagieren würden.

Verlust und Trauer sind für keinen von uns angenehme Erfahrungen. Aber wir alle sind irgendwann davon betroffen und meist nicht nur einmal. Sie *können* sich mit den einfachen aber wichtigen von mir erläuterten Methoden auf Verluste vorbereiten. Eine solche Vorbereitung dient nicht der Erleichterung des Lebens *nach* einem Verlust, sondern der Erleichterung des Lebens *vor* einem Verlust.

Bevor Sie dieses Buch beiseite legen, möchte ich Sie zu einer Phantasiereise einladen. Lassen Sie sich von dem Text im folgenden Abschnitt zu dieser Reise in die Phantasie beflügeln.

Das geheimnisvolle Schatzkästlein

Sie stehen auf einer Wiese, eine wunderschöne mit Blumen übersäte Wiese, über die der Wind streicht. Über Ihnen wölbt sich blauer Himmel, in dem vereinzelte Schäfchenwolken schwimmen. Schließen Sie die Augen und lassen Sie dieses Phantasiebild vor Ihrem inneren Auge entstehen. Wenn Sie bereit sind, öffnen Sie die Augen und lesen Sie weiter.

Sie gehen über die Wiese und kommen an das Ufer eines klaren blauen Sees. Am schmalen, sandigen Ufer ziehen Sie Ihre Schuhe aus, spüren den körnigen, sonnenwarmen Sand unter Ihren Fußsohlen.

Sie überqueren den Uferstreifen und waten ins Wasser. Jetzt spüren Sie die wohltuende Kühle des Wassers. Wenn Ihnen danach ist, schließen Sie erneut die Augen und geben sich in der Phantasie ganz dieser Szene hin. Wenn Sie dafür bereit sind, öffnen Sie die Augen wieder und lesen weiter.

Sie gehen weiter in das Wasser hinein, es reicht Ihnen bis an die Knie, bis zur Taille. Der Grund des Sees ist ganz weich und sandig, ohne kantige Steine oder Wasserpflanzen. Sie gehen immer weiter in das kühle, klare Wasser hinein, es reicht bis an Ihre Brust, bis zum Hals.

Das Schöne an einer Phantasievorstellung ist, daß wir nicht von den normalen Grenzen unserer physikalischen Welt eingeschränkt sind. Sie gehen immer weiter in den See hinein, bis Sie unter Wasser gehen! Und wunderbarerweise können Sie auch unter Wasser atmen, als sei das Wasser Luft. Und Sie gehen ganz normal, werden nicht abgetrieben. Vor Ihren Augen eröffnet sich eine phantastische Welt, in der Sie sich ganz sicher und wohl fühlen. Das Wasser umgibt Sie kühl und erfrischend. Jetzt verstehen Sie, warum Fische sich so unbeschwert im Wasser bewegen. Vielleicht wollen Sie das Buch einen Augenblick beiseite legen, die Augen schließen und sich Ihren Empfindungen hingeben. Wenn Sie bereit sind, lesen Sie weiter.

Während Sie immer tiefer in den See hineingehen, wird das Licht gedämpfter und matter. Nur ein starkes Bündel Sonnenstrahlen dringt in der Mitte des Sees bis auf den Grund. Sie nähern sich dieser Stelle und sehen ein Kästchen im Sand liegen. Es sieht aus wie eine kleine Schatztruhe, aus dunklem Holz mit Messingbeschlägen. Sie heben das Kästchen hoch und öffnen es. Das Licht der Sonnenstrahlen erhellt den Inhalt, den Sie deutlich erkennen. Sie wissen, was das Kästchen enthält. Schließen Sie die Augen, damit Ihre Phantasie den Inhalt ganz deutlich sehen kann. Wenn Sie sicher sind, den Inhalt zu erkennen, öffnen Sie die Augen und lesen weiter.

Sie schließen das Kästchen und nehmen es mit, tragen es aus dem Wasser ans Ufer. Während Sie auf die Wiese zugehen, erscheint eine männliche Figur. Er geht auf Sie zu. Der Mann ist Ihnen fremd, doch Sie fühlen sich zu ihm hingezogen. Er lächelt und Sie wissen, daß Sie von ihm nichts zu befürchten haben.

Während Sie sich dem Fremden nähern, sind Sie erstaunt, sich so völlig unbeschwert zu fühlen. Sie schweigen, der Mann schweigt ebenfalls. Sie stehen einander ganz nah gegenüber und sehen einander in die Augen.

Wortlos halten Sie das Kästchen hoch und der Mann nimmt es an sich. Sie sehen einander noch einmal lange in die Augen, dann nickt er und Sie drehen sich um und entfernen sich.

Sie spazieren über die Wiese, spüren die warme Sonne im Rücken und eine sanfte Brise umfächelt Sie. Sie gehen so leicht-füßig, wie seit langem nicht. Tief in Ihrem Innern wissen Sie, das Leben ist gut. Und Sie sind geheilt. Wenn Sie die Geschichte zu Ende gelesen haben, legen Sie das Buch beiseite. Stehen Sie auf und gehen eine Weile im Zimmer auf und ab. Sie stellen fest, daß Sie sich leichter fühlen, als vor Beginn der Lektüre. Sie haben etwas mehr Gleichgewicht in Ihrem Leben gefunden.

Leben nach Verlust

An früherer Stelle erwähnte ich, daß ein Mensch, der seine Trauerarbeit abgeschlossen hat, redet, als habe er ein großes Abenteuer bestanden. Menschen, die ihre Trauer bewältigt haben, sprechen mehr davon, was sie entdeckt haben, als davon, was sie verloren haben. Ihr Leben spiegelt die Ereignisse der Vergangenheit und ist dennoch zukunftsorientiert. Ihre Gedanken sind nicht von Tod und Verlust beherrscht. Ihre Lebensfreude ist fundierter als bei den meisten von uns, da sie wissen, das Leben kann ihnen nichts zufügen, womit sie nicht umgehen können. Diese Menschen sind einfühlsam. Sie haben mehr Geduld als andere. Sie bringen dem Leben Ehrfurcht entgegen und empfinden tiefe Achtung vor menschlichen Beziehungen.

Ich hoffe und bete, daß auch Sie am Ziel Ihrer Reise durch die Trauer zu einem Mensch geworden sind, der von seinem Verlust spricht wie ein Mensch, der ein großes Abenteuer bestanden hat.

Möge Ihr Leben nach einem Verlust erfüllt und lohnend sein.

Wortliste der Gefühle

Es ist nicht einfach, Gefühle in Worte zu kleiden. Die Aufgabe wird um so schwieriger, wenn es sich dabei um sehr starke Gefühle handelt − ob positiv oder negativ. Wir sagen: »Der Sonnenuntergang war unbeschreiblich schön« oder: »Ich liebe dich mehr, als Worte sagen können.« Wir sagen auch: »Es gibt keine Worte, um den Schmerz zu beschreiben, den sein Tod mir zugefügt hat.«

Es ist wichtig, daß wir unsere Gefühle in Worte fassen, auch wenn es schwierig ist.

Wenn wir unsere Gefühle der Trauer beschreiben können, ist das ein Akt der Heilung.

Der Hauptgrund, warum wir solche Schwierigkeiten haben, über unsere Gefühle zu sprechen, liegt in unserem Sprachgebrauch. Wir sagen oft ›ich fühle‹, statt zu sagen ›ich denke‹. Wir sagen: »Meinem Gefühl nach sollte etwas so oder so gemacht werden...« Diese Aussage beschreibt einen Gedanken, kein Gefühl. Der falsche Gebrauch des Begriffes ›fühlen‹ blockiert uns, wenn wir unsere Gefühle tatsächlich ausdrücken wollen.

Die einfachste Methode, um festzustellen, ob Sie Gefühle beschreiben, ist die Überlegung, ob die Bedeutung einer Aussage sich verändert, wenn Sie ein ›ich fühle‹ mit einem ›ich denke‹ ersetzen.

Die folgenden Wortlisten beschreiben Gefühle. Wenn Sie Eintragungen in Ihr Tagebuch vornehmen oder die Übungen in diesem Buch durchführen, ziehen Sie diese Listen häufig zu Rate.

Suchen Sie das wirklich treffende Wort, um Ihr Gefühl auszudrücken, das Sie beschreiben wollen.

GLÜCKLICH	WÜTEND	TRAURIG
zufrieden	empört	verdrießlich
entspannt	verärgert	elend
heiter	zornig	düster
friedlich	gekränkt	unglücklich
fröhlich	verdrossen	leidend
froh	rasend vor Wut	bedrückt
vergnügt	wutentbrannt	voll Trauer
munter	schäumend vor Wut	entmutigt
lustig	erbost sein	deprimiert
erfrischt	erbittert	niedergeschlagen
begeistert	schnaubend vor Wut	melancholisch
überglücklich	grimmig	schwermütig
unbeschwert	frustiert	freudlos
leichten Herzens		einsam
ekstatisch		verzweifelt
		hoffnungslos

ANGST	SPANNUNG	VERLETZUNG
ängstlich	verkrampft	verwundet
zittrig	nervös	gekränkt
voller Panik	reizbar	gequält
hysterisch	schwach	leidend
geschockt	gelähmt	zerstört
entsetzt	bewegungsunfähig	gefoltert
unsicher	leer	schmerzerfüllt
erschrocken	atemlos	einsam
vor Angst versteinert	in Schweiß gebadet	verzweifelt
alarmiert	schwerfällig	kalt

MUTIG	EIFRIG	ZWEIFELND
ermuntert	fasziniert	ungläubig
zuversichtlich	kreativ	mißtrauisch
sicher	ernsthaft	ungewiß
beruhigt	begeistert	schwankend
kühn	lebhaft	hoffnungslos
tapfer	heftig	machtlos
entschlossen	begierig	zögernd
stolz	aufrichtig	besiegt
wagemutig	interessiert	pessimistisch
	neugierig	

Die Rolle der Ernährung während des Trauerprozesses

Einer gesunden Ernährung während der Trauerzeit wird zu wenig Beachtung geschenkt. Dabei ist eine ausgewogene Ernährung in der langen und mühevollen Zeit Ihres Trauerprozesses nach einem schmerzlichen Verlust von äußerster Wichtigkeit.

Drastische Gewichtsveränderungen nach oben oder unten bringen neben körperlichen auch emotionale Probleme mit sich.

Einige Nahrungsmittel wirken sich erheblich auf Ihre Stimmung – positiv wie negativ – aus. Manche Nahrungsmittel sind Energiespender, sind Muntermacher oder helfen Ihnen klarer zu denken. Andere haben beruhigende Wirkung, sind schlaffördernd oder setzen Ihr Schmerzempfinden herab.

Es spielt eine Rolle, was Sie zum Frühstück, mittags, abends und vor dem Schlafengehen essen. Sie können sich programmieren, ob Sie eine angenehme Nachtruhe haben oder sich schlaflos im Bett wälzen, weil Sie das Falsche gegessen und getrunken haben.

Untersuchungen haben klar ergeben, daß trauernde Menschen an Flüssigkeitsmangel leiden. Dieser Flüssigkeitsmangel hat eine Reihe von Nebenwirkungen, darunter Energieabfall, Unausgewogenheit der Elektrolyte und ungenügende Ausscheidung natürlicher Giftstoffe. Alkohol- und koffeinhaltige Getränke wirken harntreibend und entwässern den Körper noch mehr.

Die folgenden Richtlinien sollen Ihnen helfen, sich Eßgewohnheiten anzueignen, die für Sie, nicht gegen Sie arbeiten. Um zusätzliche Informationen und Anleitung suchen Sie Ihren Arzt oder einen Ernährungsspezialisten auf.

1. Halten Sie regelmäßige Essenszeiten ein, auch wenn Ihnen nicht nach Essen zumute ist.

2. Trinken Sie mindestens ⅓ mehr *Wasser,* als Ihr Durst es verlangt. Empfohlene Flüssigkeitsmenge: 2 Liter pro Tag.
3. Achten Sie darauf, daß Sie täglich alle vier Grundnahrungsmittel zu sich nehmen:
   Milchprodukte − 2 Portionen
   Fleisch − 2 Portionen
   Obst und Gemüse − 4 Portionen
   Getreide − 4 Portionen
4. Häufiger kleine Mahlzeiten zu sich nehmen ist besser, als eine Mahlzeit ausfallen zu lassen und dann vor Hunger zu viel in sich hineinzuschlingen. Häufigeres und regelmäßiges Essen hilft Ihnen, Ihren Blutzuckergehalt, Energieausgleich und Ihr Gewicht zu kontrollieren.
5. Achten Sie bei Ihrem Speiseplan darauf, für den Ausgleich der einzelnen Nahrungsgruppen zu sorgen, und vermeiden Sie Fertiggerichte.
6. Das Frühstück soll mehr Protein und weniger Kohlehydrate enthalten. Wenn Sie mehr Protein zu sich nehmen als Kohlehydrate, produziert Ihr Körper mehr Substanzen, die als natürliche Stimulatoren wirken. Damit können Sie Erschöpfungszuständen vorbeugen, die häufig mit Trauer verbunden sind.
   Fleisch, Fisch, Geflügel und Hülsenfrüchte, Sojabohnen, Nüsse, Nußbutter und Getreide enthalten Proteine.
7. Im Verlauf des Tages soll die Aufnahme von Protein und Kohlehydraten sich ausgleichen.
8. Das Abendessen soll höhere Werte an Kohlehydraten (kein Zucker) und weniger Protein enthalten. Wenn Sie mehr Kohlehydrate als Protein zu sich nehmen, produziert Ihr Körper Substanzen mit beruhigender Wirkung, die das Schmerzempfinden herabsetzen und schlaffördernd wirken.
   Nudeln, Bohnen, naturbelassener, brauner Reis, Kartoffeln und Gemüse enthalten Kohlehydrate.
9. Halten Sie eine Woche lang schriftlich fest, was Sie essen, um sich einen Überblick zu verschaffen, ob Sie sich ausgewogen ernähren.
10. Achten Sie auf Ihr Gewicht. Sollte Ihr Gewicht sich deutlich verändern, suchen Sie einen Arzt auf.

MENÜVORSCHLAG FÜR EINEN TAG

Frühstück: 1 Ei, 100 g gekochten Schinken oder Truthahnwurst, 1 Scheibe Vollwerttoast mit fettreduzierter Margarine, 1 Glas Orangensaft. Nicht mehr als 1 Tasse Kaffee, es sei denn er ist koffeinfrei oder 1 Tasse schwarzen Tee; Kräutertee nach Belieben.

Vormittag: Nüsse oder Sonnenblumenkerne, Käse und Knäkkebrot, 1 Apfel.

Mittagessen: Thunfischsalat auf Vollkornbrot oder Vollwertbrötchen, magerer Hüttenkäse, grüner Salat, frisches Obst und ungezuckerter Obstsaft.

Nachmittag: Obst, rohes Gemüse und Wasser.

Abendessen: Gegrilltes Hühnchen (vorzugsweise weißes Fleisch ohne Haut), gebackene Kartoffel, grünes Gemüse, Pudding oder Obstgelee, Kräutertee.

Abendimbiß: 1 Glas Milch, Nüsse oder Sonnenblumenkerne und ein Apfel. Trinken Sie zu jeder Mahlzeit und jedem Imbiß mindestens ein großes Glas Wasser.

CHECKLISTE IHRER ESSGEWONHEITEN

Benutzen Sie diese Liste, um Ihre Eßgewohnheiten zu überprüfen.

Datum _____

Wasseraufnahme _____ (wünschenswerte Menge 2 bis 3 Liter pro Tag)

Milchprodukte (2 Portionen) _____

Fleisch (2 Portionen, je 150 bis 200 g) _____

Obst (4 Portionen) _____

Gemüse (unbegrenzt) _____

Getreide (4 Portionen Brot, Vollwertmehl oder Reis) _____

Koffeinhaltige Getränke _____

Zuckerhaltige Getränke _____

Alkoholhaltige Getränke _____

Süßspeisen _____

Körpergewicht _____

Eine Selbsthilfegruppe gründen

Eine Trauer-Selbsthilfegruppe gründen ist ziemlich einfach. Da große Verluste eine so universelle menschliche Erfahrung sind, finden Sie ohne Schwierigkeiten Menschen in Ihrer Stadt, die sich einer solchen Gruppe gern anschließen.

Eine Ihrer ersten Aufgaben besteht darin, das Hauptziel Ihrer Gruppe festzulegen. Soll sie nur Verwitwete ansprechen? Oder sollen Menschen mit eingeschlossen sein, die Kinder, Eltern oder andere liebe Menschen verloren haben? Soll die Gruppe sich nur auf die Trauer nach einem Todesfall beziehen? Wollen Sie auch auf die Bedürfnisse Geschiedener eingehen? Soll die Gruppe auf Mitglieder Ihrer Pfarrgemeinde oder auf Leute aus Ihrer Nachbarschaft beschränkt sein?

Wenn Sie der- oder diejenige sind, der die Gruppe ins Leben ruft, denken Sie über Ihre eigene Situation und Ihre Bedürfnisse nach und machen Sie den Anfang bei sich.

Seien Sie versichert, wenn es Ihnen gelingt, den Teilnehmern ihre anfängliche Unsicherheit im Umgang mit Fremden zu nehmen, erhalten Sie eine positive Reaktion. Kirchen, Clubs, Eltern-Lehrer-Gruppen und Ihr eigener Freundeskreis sind geeignet, um Teilnehmer für eine Selbsthilfegruppe zu finden.

Es gibt mehrere Wege, um eine Gruppe zu gründen. Folgende Methoden haben sich alle bewährt:

- Bitten Sie Ihren Pfarrer, im demnächst erscheinenden Kirchenblatt eine Notiz über die Gründung einer Selbsthilfegruppe bekanntzugeben. Fordern Sie darin Interessenten auf, ihren Namen und Anschrift bekanntzugeben. Nennen Sie in dieser Notiz Ihren Namen und Ihre Telefonnummer für weitere Informationen.

- Schlagen Sie eine Notiz an das Schwarze Brett Ihres Clublokals. Bieten Sie an, daß die Gruppe sich bei Ihnen zu Hause trifft.
- Informieren Sie sich bei einem ortsansässigen Psychologen über eine 6 bis 8 Sitzungen umfassende Beratungsreihe für Selbsthilfegruppen. Häufig gibt ein Psychologe oder Berater solche Informationen kostenlos.
- Sprechen Sie mit Freunden darüber, daß Sie sich bei Verlusten treffen, um einander Rückhalt zu geben und gemeinsame Erinnerungen auszutauschen.
- Veröffentlichen Sie eine Anzeige über die beabsichtigte Gründung Ihrer Selbsthilfegruppe in Ihrer Lokalzeitung oder verteilen Sie Handzettel in Supermärkten, Drogeriemärkten und anderen öffentlichen Plätzen.

Welche Form Sie auch wählen, machen Sie genaue Angaben über die Zielsetzung der Gruppe, die Zeitdauer und über die eventuell anfallenden Kosten.

Es ist empfehlenswert, eine begrenzte Anzahl von Sitzungen ins Auge zu fassen. Das spornt zu regelmäßiger Teilnahme an und dient als eine Art ›Sicherheitszone‹, falls jemand emotionale Probleme hat, die zu schwerwiegend sind, um in einer Selbsthilfegruppe behandelt zu werden. Händigen Sie jedem Teilnehmer ein Exemplar dieses Buches als Leitfaden aus.

Die Gruppe sollte aus mindestens vier Teilnehmern bestehen und ohne geschulten Leiter 10 Teilnehmer nicht überschreiten.

Wichtig ist, das derjenige, der die Gruppe zusammengerufen hat, die ersten Zusammenkünfte leitet, es sei denn, ein fachkundiger Berater übernimmt die Leitung.

Wird die Gruppe nicht von einem Fachmann geleitet, hat sie eine andere Zielsetzung. *Nichtgeschulte Laien dürfen nicht versuchen, Mitglieder der Gruppe zu therapieren.* Es ist vielmehr sehr wichtig, eine Atmosphäre zu schaffen, in der Menschen frei und ungezwungen über ihre Erfahrungen und Gefühle sprechen können und bei anderen Teilnehmern Mitgefühl und Verständnis finden. Ansonsten muß der Leiter einer Selbsthilfegruppe lediglich die Prinzipien der Trauerarbeit verstehen, wie sie in diesem Buch erklärt sind.

Die Grundprinzipien einer Selbsthilfegruppe sind folgende:

- *Gefühle sind weder richtig noch falsch. Der Leiter muß Wut und Frustration ebenso akzeptieren wie Hoffnung und Freude.*
- *Es dauert lange, um sich durch Verlust und Trauer zu arbeiten. Gehen Sie die Schritte des Trauerprozesses aus Kapitel 3 noch einmal durch.*

Die erste Sitzung

Die erste Zusammenkunft der Gruppe ist von besonderer Bedeutung. Die Teilnehmer sind einander fremd, sind verlegen und wissen nicht, was auf sie zukommt. Es ist die Aufgabe des Gruppenleiters, eine Atmosphäre entspannter Geborgenheit zu schaffen. Wenn kein Fachberater anwesend ist, beachten Sie folgende Punkte:

- Sorgen Sie für eine angenehme, ›gemütliche‹ Stimmung. Sanftes Licht (kein schummriges), im Kreis aufgestellte, bequeme Stühle, gut lesbare Namensschilder, keine störenden Nebengeräusche, das alles trägt zur gewünschten Atmosphäre bei.
- Kinder sollten nicht anwesend sein, da sie zu sehr ablenken. Falls nötig, sollten Kinder in einem Nebenraum unter Aufsicht beschäftigt werden.
- Als Erfrischungen können Mineralwasser und Obstsäfte bereitstehen. Alkoholische Getränke können problematisch sein und sind zu vermeiden.
- Mindestens eine volle Packung Papiertücher sollte bei jeder Sitzung in Reichweite sein. (Ich habe fünf volle Packungen zur Hand und plaziere zu Beginn jeder Sitzung eine Packung gut sichtbar auf dem Tisch oder auf einem leeren Stuhl).

Zu Beginn erläutern Sie den Sinn und Zweck der Gruppe. Danach nennt jeder Teilnehmer seinen oder ihren Namen und berichtet, warum er oder sie die Gruppe aufsucht. Jeder soll den erlittenen Verlust so schildern, wie ihm zumute ist. Bitten Sie die Teilnehmer, den jeweils Verstorbenen oder Geschiedenen beim Namen zu nennen.

Es ist von äußerster Wichtigkeit, daß die Gruppe nur zuhört und keine Ratschläge gibt. Immer wieder hört man Sätze wie: »Ich dachte, ich sei die einzige, die so empfindet.« Es ist angebracht, daß der Gruppenleiter immer wieder die Gemeinsamkeiten der Erfahrungen der Gruppe hervorhebt.

Das Hauptziel der Gruppe besteht darin, daß die Teilnehmer von sich sprechen können mit dem Wissen, daß man ihnen zuhört und sie versteht.

Eine Sitzung sollte nicht länger als 90 Minuten dauern und pünktlich enden. Ein gemeinsames Gebet zum Abschluß liegt in der Entscheidung der jeweiligen Gruppe. Falls gebetet wird, sollte das Gebet kurz und prägnant sein und nicht in einen ›Sermon‹ ausarten.

Es empfiehlt sich, eine Namensliste der Gruppe anzufertigen und jedem Teilnehmer bei der zweiten Sitzung eine getippte Liste mit Namen, Adresse und Telefonnummer der einzelnen Gruppenmitglieder auszuhändigen.

Zweite Sitzung

Vorbereitungen werden getroffen wie bei der ersten Sitzung.

● Vergessen Sie nicht, die Packung mit den Papiertüchern gut sichtbar und in Reichweite zu plazieren.
● Benutzen Sie auch diesmal Namensschilder, da die Gruppenteilnehmer einander noch nicht gut genug kennen oder möglicherweise neue hinzukommen.

Die Teilnehmer der ersten Sitzung stellen sich den Neuankömmlingen noch einmal vor und berichten kurz von ihren Verlusten. Dann werden die Neuen aufgefordert, ihre Geschichte zu erzählen.

Tragen Sie die vier Schlüsselfaktoren der Trauer vor, wie sie in Kapitel 5 erläutert wurden. Geben Sie der Gruppe ausreichend Zeit, über jeden Punkt zu sprechen und welche Erfahrungen die einzelnen Mitglieder damit machen. Keine Eile! Vielleicht nimmt die Diskussion über den ersten Punkt: *Der Weg aus der Trauer führt durch sie hindurch, weil es keinen Umweg gibt* die gesamte Zeit dieser Sitzung in Anspruch.

Aller Wahrscheinlichkeit nach fließen Tränen während der Diskussion. Es ist sehr wichtig, immer wieder hervorzuheben, daß jeder seinen Tränen freien Lauf lassen kann.

Wenn noch Zeit bleibt, bitten Sie die Teilnehmer, besondere Probleme zu beschreiben, die ihnen in der letzten Woche begegnet sind. Vergessen Sie nicht, daß das jeweilige Stadium der Trauerarbeit die Mitteilsamkeit eines Betreffenden bestimmt.

Zum Schluß fragen Sie die Teilnehmer, ob sie sich bereit erklären, von anderen Teilnehmern der Gruppe zu Hause angerufen zu werden. Die Gruppenmitglieder machen einen Vermerk hinter den jeweiligen Namen ihrer Liste. Der Rückhalt, den Gruppenmitglieder einander manchmal in diesen ungezwungenen Kontakten zwischen den Sitzungen geben, ist oft ebenso hilfreich, wie die Sitzungen selbst. Es ist nicht ungewöhnlich, daß sich auf diese Weise dauerhafte Freundschaften entwickeln.

Dritte Sitzung

Fragen Sie zu Beginn der Sitzung, ob jemand der Gruppe etwas mitzuteilen hat. Möglicherweise besteht die Tendenz, daß Gespräche auf Themen ausweichen, die nicht direkt mit der Trauerarbeit der einzelnen zu tun haben. Wenn sich beispielsweise jemand in der Phase befindet, andere für den Verlust verantwortlich zu machen, spricht der Betroffene übermäßig lange über diese Menschen, statt von seinen oder ihren Gefühlen. In diesem Fall ist es die Aufgabe des Gruppenleiters, das Gespräch behutsam wieder auf die direkte Erfahrung der Gruppenmitglieder zurückzuführen.

Verteilen Sie Papier und Schreibstifte.

- Fordern Sie die Gruppe auf, ihr seelisches Befinden im Verlauf des vergangenen Jahres, wie in Kapitel 7 vorgegeben, aufzuzeichnen.
- Bitten Sie die Gruppe, ihre gegenwärtigen Gefühle durch Farbe, Geschmack, Geruch, Berührung und Geräusch auszudrücken.
- Jeder Teilnehmer soll eine schriftliche Antwort auf folgende Frage geben: Wenn ich in meinem Leben jetzt etwas ändern könnte, was würde ich ändern?

Geben Sie der Gruppe ausreichend Zeit, um die Aufgaben zu lösen. Wenn alle fertig sind, diskutieren Sie eine Frage nach der anderen mit der Gruppe. Versuchen Sie jemand, der nur oberflächliche, kurze Antworten gibt, dazu zu bewegen, mehr Gefühle zu zeigen und sie präziser zu beschreiben.

Vor Ende der Sitzung erhält jeder Teilnehmer folgende ›Hausaufgabe‹:

- Kaufen Sie sich einen Notizblock und schreiben Sie TAGEBUCH darauf.
- Machen Sie in der kommenden Woche täglich eine Eintragung über:
  ein wichtiges Ereignis.
  die Person, die heute für mich am wichtigsten war.
  Gefühle, die mir besonders bewußt waren.
  Pläne für morgen.
- Vergessen Sie nicht, Datum und Uhrzeit oben auf jeder Seite einzutragen.
- Bringen Sie das Tagebuch mit in die nächste Sitzung.

Vierte Sitzung

Zu Beginn dieser Sitzung bespricht die Gruppe die Aufgaben, die in der dritten Sitzung gegeben wurden.

Fragen Sie nach den Eintragungen, die die Teilnehmer in ihre Tagebücher gemacht haben. Üblicherweise haben einige Teilnehmer ihre Hausaufgaben entweder ›vergessen‹ (verdrängt) oder nur teilweise ausgeführt. Geben Sie klar zu verstehen, daß das nichts ausmacht und die Betreffenden es erneut versuchen können.

Wer dazu bereit ist, soll darüber sprechen, welche Eintragungen er/sie gemacht hat. Sie können einige Teilnehmer auch bitten, der Gruppe die Eintragungen eines bestimmten Tages vorzulesen.

Fordern Sie die Gruppe auf, das Tagebuch weiterzuführen, zusätzlich zu den Gruppensitzungen. Die Eintragungen sollen folgende weitere Punkte enthalten:

● Veränderungen, die ich an mir feststelle.
● Persönliche Anmerkungen.

Je persönlicher die Gespräche der Gruppe werden, desto häufiger fühlen sich manche am Ende eines Treffens schlechter als zu Beginn. *Versichern Sie den Teilnehmern, daß dies ein normales und deutliches Anzeichen der Besserung ist.* Es ist kein Zeichen eines Rückfalls, sondern eines Fortschritts. Es ist kein negatives Zeichen, sondern ein notwendiges positives Zeichen, auch wenn es unangenehm ist. Das geht vorüber, und der Betreffende wird sich bald viel besser fühlen, wenn er nicht aufgibt.

Wenn jemand zu diesem Zeitpunkt die Gruppe verläßt, versuchen Sie Kontakt aufrechtzuerhalten und ihm oder ihr auf andere Weise Rückhalt zu geben.

Wenn ein Gruppenmitglied die Symptome von krankhafter Trauer aufzuweisen scheint, die am Ende von Kapitel 3 erörtert wurden, versuchen Sie den Betreffenden dazu zu bringen, die Hilfe eines Fachberaters oder Psychologen in Anspruch zu nehmen.

Beschließen Sie die Sitzung so, wie es für Ihre Gruppe angebracht und üblich geworden ist.

Fünfte Sitzung

Nach jedem offenen Gespräch gehen Sie die folgenden Richtlinien durch, die in Kapitel 7 ausführlich besprochen wurden:

- *Gewinnen Sie die Überzeugung, daß Ihre Trauer sinnvoll ist und ein Ende hat.*
- *Übernehmen Sie die Verantwortung für Ihre Trauerarbeit.*
- *Scheuen Sie sich nicht, um Hilfe zu bitten.*
- *Überstürzen Sie nichts.*

Sprechen Sie darüber, wie die Gruppenteilnehmer jede dieser Richtlinien auffassen. Welcher Punkt bereitet ihnen die größten Schwierigkeiten? In welchem Punkt scheinen sie ihre Trauer am besten zu bewältigen?

Beschließen Sie die Sitzung mit der Atemübung aus Kapitel 13 und wiederholen Sie die Übung mehrmals. Danach bilden die Teilnehmer einen Kreis, reichen einander die Hände und sprechen einander Mut und Trost bis zur nächsten Woche zu.

Sechste Sitzung

Nach einem offenen Gedankenaustausch über die vergangene Woche fordern Sie die Gruppe auf, über positive und negative Einflußnahme der Religion auf ihre Trauererfahrung zu sprechen.

Gerade beim Thema Religion ist es besonders wichtig, die individuellen Anschauungen und Gefühle der Betreffenden anzuerkennen. Manche Menschen sind sehr wütend gegen Gott. Manche können diesen Zorn nicht ausdrücken; andere verdrängen ihn völlig. Wieder andere haben durch den Verlust ihren Glauben verloren. Und einige sehen in ihrem Glauben die Grundlage, ihr Leben wieder zu ordnen. Sie treffen vielleicht auf Menschen, die davon überzeugt sind, daß Gott sie bestraft. Andere behaupten, Gott habe ihnen den Menschen, den sie liebten, weggenommen. Welche Überzeugung ein Teilnehmer auch vorträgt, die Gruppe hilft ihm oder ihr am meisten, wenn sie nur zuhört.

Vermeiden Sie philosophische Diskussionen über die Gegenwart des Bösen in der Welt, warum tragische Schicksalsschläge gute Menschen treffen, oder ob und warum Gott die Menschen mit Verlusten bestraft.

Fordern Sie die Gruppenmitglieder auf, persönliche Meinungen im Gespräch zu äußern, aber auch die Meinung anderer gelten zu lassen, selbst wenn diese sich total von der eigenen Erfahrung unterscheidet.

Beenden Sie die Sitzung mit der bekannten Atemübung zur Entspannung. Wiederholen Sie die Übung mehrfach. Wenn die Gruppe dafür bereit ist, bilden die Teilnehmer einen Kreis, reichen einander die Hände und sprechen ein kurzes Dankgebet. Ich frage immer direkt: »Habt ihr etwas dagegen, wenn wir ein kurzes Gebet sprechen, bevor wir die Sitzung beenden?« Ich stelle immer wieder fest, daß die Menschen ehrlich antworten, wenn während der Sitzung eine offene und einfühlsame Atmosphäre herrscht. Wenn einige das Gebet nicht wünschen, lassen Sie zu, daß sie sich ausschließen. Das Gebet soll kurz, positiv und zuversichtlich sein. Fordern Sie alle Teilnehmer auf, weiterhin täglich ihre Tagebucheintragungen zu machen. Vielleicht wiederholen Sie die Anweisungen aus der dritten Sitzung.

Siebte Sitzung

Fragen Sie zu Beginn, wer über eine wichtige Tagebucheintragung der letzten Woche sprechen möchte. Nachdem alle Gelegenheit gehabt haben, sich zu Wort zu melden, fragen Sie, ob jemand Probleme mit seiner Vergeßlichkeit hat.

Sie können mit Sicherheit davon ausgehen, daß alle Teilnehmer ihre Erfahrungen damit machen. Schlüssel im Wagen stecken lassen, Wohnungsschlüssel verlegen, Verabredungen, Telefonnummern und Namen vergessen sind nach schmerzlichen Verlusten häufigste Ärgernisse. Versichern Sie der Gruppe, daß solches Verhalten bei den meisten Betroffenen üblich ist.

Geben Sie praktische Ratschläge, etwa einen zweiten Autoschlüssel mit einem Magneten unter dem Kotflügel oder der Stoßstange befestigen, einen Ersatzschlüssel für die Wohnung beim Nachbar hinterlegen oder getrennt von anderen Schlüsseln aufbewahren. Auch häufig benutzte und geläufige Telefonnummern und Adressen aufschreiben und den Zettel an einen sichtbaren Ort bereitlegen.

Stellen Sie folgende zusätzliche Fragen:

- Hat sich jemand von Ihnen schon gefragt, ob Sie der einzige Mensch sind, der diese Probleme mit der Trauer hat?
- Fallen Ihnen Alltags- und Routinearbeiten schwerer als früher?
- Fragen Sie sich manchmal, ob Sie verrückt werden?

Sie werden feststellen, daß die meisten Teilnehmer der Gruppe einige, wenn nicht alle diese Symptome der Trauer kennen. Das Phänomen wird als *Gedankenzerfall* bezeichnet und ist in den ersten drei bis sechs Monaten nach einem großen Verlust eine absolut normale Begleiterscheinung. Diejenigen, die dieses Stadium bereits hinter sich haben, erinnern sich noch genau daran. Ich habe mit Menschen gesprochen, deren Verlust mehr als fünf Jahre zurück lag und sie hatten mit niemandem über ihren Gedankenzerfall gesprochen. Allein ein Gespräch über dieses Phänomen und die Entdeckung, daß anderen Menschen ähnliches widerfährt, hilft oft, eine schwere Last von den Schultern der Betroffenen zu nehmen.

Eine angenehme ›Begleiterscheinung‹ eines solchen Gedankenaustauschs ist das gemeinsame Band, das zwischen Geschiedenen und Verwitweten geknüpft werden kann. Wenn verwitwete und geschiedene Personen in einer Gruppe zusammen sind, besteht häufig zunächst eine gewisse Spannung zwischen ihnen. Übungen wie diese helfen, Spannungen abzubauen, da die Teilnehmer so viele gemeinsame Reaktionen auf Verlust und Trauer feststellen.

Wenn nach der Diskussion über Vergeßlichkeit die Zeit ausreicht, fragen Sie, wer Probleme mit Menschen hat, die nicht trauern. Auch das ist ein Thema, das trauernde Menschen einander näherbringt.

Fordern Sie die Gruppe auf, den Abschnitt am Ende von Kapitel 13, der sich mit dem Thema Beziehungen zu Nichttrauernden befaßt, noch einmal durchzuarbeiten.

Als Hausaufgabe für die nächste Woche soll die Gruppe sich in ihren Tagebucheintragungen mit dem Thema Verzeihen beschäftigen.

- *Wem müssen sie verzeihen, weil er oder sie auf ihren Verlust verletzend reagiert hat?*
- *Gibt es jemand, den Sie für Ihren Verlust verantwortlich machen?*
- *Muß jemand sich selbst verzeihen?*

Der Gedankenaustausch über Verzeihen wird die nächste Sitzung der Gruppe eröffnen.

Am Ende der Sitzung bilden die Teilnehmer einen Kreis, fassen einander an den Händen und bringen die Gemeinsamkeit zum Ausdruck, die sie mit den anderen durch ihre gemeinsamen Erfahrungen in den vergangenen sechs Wochen erlebt haben.

Achte Sitzung

Eröffnen Sie die Sitzung mit folgenden Fragen:

- *Wer war in dieser Woche für mich wichtig?*
- *Was hat dieser Mensch für mich getan?*

Nachdem diese Fragen beantwortet sind, fragen Sie, wer aus der Gruppe Einschlafprobleme hat und morgens schwer aus dem Bett kommt. (Das Thema Schlafstörungen ist möglicherweise bereits in der Gruppe zur Sprache gekommen).

In der Diskussion kommen die verschiedensten Erfahrungen zutage. Manche haben weder Schlafprobleme, noch fühlen sie sich erschöpft. Andere können nicht einschlafen und fühlen sich erschöpft. Auch hier ist es sehr wichtig, daß alle Teilnehmer sich die Erfahrungen der anderen anhören.

Hier bietet sich auch eine gute Gelegenheit, die Informationen über gesunde Ernährung in Anhang B noch einmal durchzugehen. Es hat sich oft erwiesen, daß Menschen, die sich gesund ernähren und ausreichend Flüssigkeit zu sich nehmen, nachts besser schlafen und tagsüber mehr Energie haben.

Erzählen sie der Gruppe folgende Geschichte von Hazel:

Nach ihrer Scheidung und einer Beinoperation, der sie sich nach einem Sturz unterziehen mußte, konnte Hazel nachts nicht schlafen. Sie wurde zunehmend gereizter, machte Fehler am Arbeitsplatz, wurde dicker. Das Bein wollte nicht heilen.

Sie kam zu mir in die Beratung, um herauszufinden, was mit ihr emotional und spirituell nicht in Ordnung war. Nachdem ich ihr einige Zeit zugehört hatte, bat ich sie, mir zu beschreiben, wie sie ihre Abende verbrachte und was sie nach dem Abendessen, das sie gewöhnlich gegen 18 Uhr einnahm, später noch aß und trank.

Hazel berichtete, daß sie im Laufe des Abends immer unruhiger wurde. Zunächst fühlte sie eine unbestimmte Nervosität. Nachdem sie einige Male nicht einschlafen konnte, wuchs ihre Unruhe zusehends.

Um sich abzulenken, begann sie Kreuzworträtsel zu lösen. Dabei trank sie heiße Schokolade und aß Süßigkeiten.

Ohne sich dessen bewußt zu sein, stimulierte Hazel ihren Körper mit Zucker und Coffein und ihren Geist mit dem Lösen von Kreuzworträtseln. Hier lag der Grund, warum sie Stunden danach immer noch keinen Schlaf finden konnte.

Ich schlug vor, statt heißer Schokolade Kräutertee zu trinken und statt der Süßigkeiten kleingeschnittenes rohes Gemüse oder Haferflocken mit warmer Milch. Ich schlug weiterhin vor, sich statt mit dem Lösen von Kreuzworträtseln mit einem Gedichtband oder einem Kunstband zu beschäftigen.

Bereits nach drei Nächten hatte Hazel zu ihren normalen Schlafgewohnheiten zurückgefunden. Sie suchte außerdem den Ernährungsberater auf, den ich ihr empfohlen hatte, und ließ sich von ihm über Vitaminzugaben beraten. Kurze Zeit später begann ihr Bein zu heilen.

Jeder Teilnehmer soll nun seine Reaktion auf Hazels Geschichte mitteilen und welche Erfahrung er oder sie in diesem Bereich gemacht hat.

Als Hausaufgabe soll jeder Teilnehmer einen täglichen Stundenplan für die nächste Woche vorbereiten. Die Tagesstunden werden in drei Abschnitte eingeteilt: Vormittag, Nachmittag, Abend. Die Teilnehmer sollen in jeden Abschnitt die Pläne für den nächsten Tag eintragen.

Die Einteilung für die Nachtstunden nach der normalen Bettgehzeit wird in halbe Stunden eingeteilt, (siehe Kapitel 13, unter der Überschrift ›Wenn Sie nicht schlafen können‹). Falls sie Einschlafschwierigkeiten haben oder mitten in der Nacht aufwachen, sollen die Teilnehmer eintragen, womit sie jede halbe schlaflose Nachtstunde bis zum Aufstehen verbringen.

Ich schlage Tätigkeiten vor, die man ungern tut und immer wieder vor sich herschiebt.

Dieser Terminplan soll täglich ausgefüllt und möglichst genau befolgt werden. Geben Sie bekannt, daß die nächste Sitzung mit einer Diskussion über die Erfahrungen der Teilnehmer mit diesem Wochenkalender beginnt.

Beenden Sie die Sitzung in der Form, wie sie für die Teilnehmer mittlerweile angenehm und gewohnt ist.

Neunte Sitzung

Der erste Punkt der Tagesordnung dieser Sitzung ist den Berichten der einzelnen Mitglieder über ihre Erfahrungen mit dem täglichen Kalender gewidmet. Geben Sie jedem ausreichend Zeit, um über Erfolge und Mißerfolge zu berichten.

Versichern Sie den Teilnehmern, daß das, was dabei herauskam, in jedem Fall in Ordnung war und jeder diese Übung so lange fortsetzen möge, wie ihm oder ihr danach zumute ist.

Verteilen Sie linierte Blätter und bitten die Teilnehmer, den Text, den Sie nun diktieren, mitzuschreiben:

Meine Trauer ist eine Ehrenauszeichnung. Ich trage den Schicksalsschlag, der mich getroffen hat, mit Stolz. Alle Anzeichen meiner Trauer beweisen, wie wichtig mir ..... ist. (Hier setzt jeder den Namen der Person, des Ortes oder des Sachverhaltes ein, dessen Verlust er oder sie beklagt.)

Ich bin gewillt, die volle Wucht meiner Trauer als einen letzten Liebesbeweis hinzunehmen. Ich werde meinen Weg durch diese Erfahrung gehen, ohne Ausflüchte machen zu wollen.

Gezeichnet,

Bevor die Teilnehmer diese Aussage unterzeichnen, besprechen Sie mit der Gruppe, was die Einzelnen dazu zu sagen haben. In

welcher Weise sehen die Teilnehmer ihre Trauer als Ehrenauszeichnung? Mit welchen Gefühlen unterzeichnen sie diese Aussage?

Vielleicht möchte der eine oder andere den Text ändern,
bevor er ihn unterschreibt. Stellen Sie jedem frei, beliebige Veränderungen vorzunehmen, um den Text für ihn oder sie
annehmbar zu machen.

Nach der Unterzeichnung bringt jeder Teilnehmer seinen
Text für alle sichtbar an der Wand an. Dies geschieht nachein-
ander, wobei jeder seinen Text mit den vorgenommenen
Änderungen laut vorliest.

Nachdem alle Texte an der Wand hängen, spricht die Gruppe
über diese Erfahrung.

Die Hausaufgabe für die nächste Woche lautet: Jeder Teilnehmer schreibt zwei Briefe, einer ist an die Trauer adressiert,
der zweite ist die Antwort seiner Trauer. Die Beschreibung dieser Übung finden Sie in Kapitel 13 unter der Überschrift ›Kommunikation mit Ihrer Trauer‹.

Zum Schluß der Sitzung nimmt jeder seine Aussage von der
Wand und die Gruppe legt sie aufeinandergestapelt auf einen
Stuhl. Die Gruppe bildet daraufhin einen Kreis und hält sich an
den Händen. Es wird ein kurzes Gebet gesprochen oder ein zu
den schriftlichen Aussagen passendes Schlußwort.

Zehnte Sitzung

Die Sitzung beginnt damit, daß jeder über wichtige Ereignisse
der vergangenen Woche spricht.

Danach berichten die Teilnehmer über ihre Erfahrungen, die
sie im Briefwechsel an und von ihrer Trauer gemacht haben.
Die Teilnehmer, die ihre Briefe mit in die Sitzung gebracht
haben, wollen Sie vielleicht der Gruppe vorlesen.

Wichtig ist, die Teilnehmer zu beruhigen, die nicht fähig
waren, die Aufgabe zu erfüllen. Es ist nicht ungewöhnlich, daß
einige aus der Gruppe sich dieser Aufgabe im gegenwärtigen
Stadium nicht gewachsen fühlen. Wenn jeder die Erfahrung
des anderen akzeptiert, kann eine wertvolle Diskussion in Gang

kommen, ungeachtet, ob die Briefe nun geschrieben wurden oder nicht.

Sprechen Sie darüber, was die Teilnehmer empfanden, als sie die Briefe schrieben oder warum sie sich nicht in der Lage sahen, einen oder beide zu schreiben.

Nachdem alle ihre Meinung geäußert haben, machen Sie eine Entspannungsübung als Belohnung für die Überwindung, die manche dieser Briefwechsel gekostet hat.

Die Teilnehmer setzen sich bequem hin, die Füße stehen flach auf dem Boden, Arme hängen herab, Hände liegen locker auf den Oberschenkeln. Die Augen sind geschlossen. Die Übung beginnt mit einigen Wiederholungen der bereits häufiger durchgeführten 8 + 8 + 8-Atemübung.

Nun lesen Sie die Übung aus Kapitel 14 mit dem Titel ›Frieden mit der Trauer schließen‹ laut vor. Sprechen Sie mit sanfter, beruhigender aber nicht zu leiser Stimme. Wenn Sie sich nicht wohl dabei fühlen, den Text zu sprechen, sollten Sie ihn vor der Sitzung von einer anderen Person auf Kassette sprechen lassen und ihn jetzt der Gruppe vorspielen.

Nach Beendigung der Übung nehmen Sie sich Zeit, um über die einzelnen Erfahrungen zu sprechen. Vergessen Sie nicht, es gibt keine ›richtige‹ oder ›falsche‹ Reaktion. Welche Reaktion jemand hat, sie ist für ihn oder sie die passende und spiegelt die jeweilige Persönlichkeit und die Phase der Trauer, in der sich jemand befindet.

Als Hausaufgabe soll die Gruppe ein tägliches Protokoll über ihre Eßgewohnheiten führen und sich dabei nach der Checkliste in Anhang B richten. Die Protokolle sind in die nächste Sitzung mitzubringen.

Beenden Sie die Sitzung in der Form, die mittlerweile für die Gruppe zur Gewohnheit geworden ist.

Elfte Sitzung

Bei Eröffnung der Sitzung erinnern Sie die Gruppe daran, daß dies die vorletzte Zusammenkunft ist. Fordern Sie die Teilnehmer auf, über die Punkte zum Thema Trauer und Verlust zu sprechen, die für sie zum jetzigen Zeitpunkt am wichtigsten sind. Gibt es etwas, das jeder Teilnehmer der Gruppe sagen möchte, bevor sie aufgelöst wird? In dieser vorletzten Gruppensitzung wird vermutlich vorwiegend über Verluste gesprochen. Lassen Sie die Mitglieder ausführlich zu Wort kommen.

Lenken Sie die Aufmerksamkeit der Gruppe auf das Material in Anhang B über die Rolle der Ernährung während des Trauerprozesses. Jeder Teilnehmer soll über sein oder ihr tägliches Ernährungsprotokoll der letzten Woche sprechen. Hat jeder ein Protokoll geführt? Wenn nicht, warum nicht? Wenn ja, was hat der Betreffende über seine Schwächen und Stärken im Hinblick auf seine Eßgewohnheiten erfahren?

Falls die Möglichkeit besteht, einen Ernährungsfachmann zu dieser Sitzung hinzuzuziehen, wäre das von großem Vorteil.

Der nächste Punkt befaßt sich damit, was jeder im Bereich körperlicher Fitneß für sich tut. Ein flotter Spaziergang von 45 Minuten Dauer kann Wunder wirken, beleben und Depressionen vertreiben. Raten Sie allen, die seit ihrem Verlust keine gründliche ärztliche Untersuchung vornehmen ließen, dringend zu diesem Schritt. Eine solche Untersuchung ist vor allem für jene wichtig, deren Verlust vier bis sechs Monate zurückliegt.

Übungs- und Fitneßprogramme sollten in Absprache mit dem Arzt erstellt werden.

Schließen Sie die Sitzung in der für die Gruppe gewohnten Form.

Zwölfte Sitzung

Stellen Sie für das Ende dieser letzten Sitzung einige Erfrischungen bereit. Bevor die Teilnehmer auseinandergehen, sollen Sie Gelegenheit haben, sich noch einmal zwanglos zu unterhalten.

Eröffnen Sie die Sitzung mit dem Hinweis, daß die Gruppe heute zum letzten Mal zusammenkommt. Fordern Sie die Anwesenden auf, darüber zu sprechen, welchen Gewinn sie aus den Sitzungen mitnehmen und was sie nun am Ende empfinden.

Manche Gruppenteilnehmer wollen weitermachen. Sie sollten vor dieser Sitzung entscheiden, ob Sie bereit sind, in der Gruppe weiterzumachen oder weiterhin als Gruppenleiter zu fungieren. In jedem Fall empfiehlt sich eine Unterbrechung von wenigstens zwei Wochen, bevor die Gruppe wieder zusammenkommt.

Oft muß zu diesem Zeitpunkt auch die Entscheidung getroffen werden, ob neue Mitglieder in die Gruppe aufgenommen werden. Bedenken Sie, daß Neulinge die Übungen nicht kennen und nicht die Erfahrungen der ›Veteranen‹-Gruppe haben. Ich halte es in der Regel für angebracht, die Gruppe aufzulösen und eine neue Gruppe zusammenzustellen oder eine zweite Gruppe für Neulinge zu bilden und mit den Teilnehmern der alten Gruppe, die den Wunsch dazu äußern, weiterzumachen.

Wichtig ist, daß niemand aus der laufenden Gruppe gezwungen wird, weiterzumachen.

Nachdem jeder sich zum Eingangsthema geäußert hat, bitten Sie die Gruppe, die Übung aus Kapitel 15 ›Bester Freund – schlimmster Feind‹ durchzuführen. Sprechen Sie über die Ergebnisse dieser Übung.

Beenden Sie die Sitzung und die gesamte Serie mit der Übung aus Kapitel 16 mit dem Titel ›Das geheimnisvolle Schatzkästlein‹. Besser wäre, die Geschichte zu erzählen, statt sie jeden Teilnehmer für sich lesen zu lassen.

Wenn die Übung beendet ist, bildet die Gruppe einen Kreis, die Mitglieder bedanken sich für die Anteilnahme und den Rückhalt, die sie einander geben konnten. Schließen Sie die Gruppenarbeit mit einem kurzen Gebet oder einem passenden zuversichtlichen Schlußsatz.

Literaturverzeichnis

Buscaglia, Leo, F.: *Aus dem Leben von Freddie, dem Blatt*. Eine Erzählung, die uns hilft, den Sinn von Leben und Tod zu verstehen. München 1987.

Cain, Albert: (Hrsg.) *Survivors of Suicide*. C.C. Thomas 1972.

Caine, Lynn: *Und plötzlich stehst du allein*. Rat und Hilfe für Witwen. Hamburg 1990.

Clinebell, Howard: *Wachsen und Hoffen*. Band 2. Beiträge zur wachstumsorientierten Beratung aus traditionellen und zeitgenössischen Therapien. München 1983.

Colgrove, Melba; Bloomfield, Harold; McWilliams, Peter: *How to Survive the Loss of a Love*. Bantam 1981.

Davidson, Glen W.: *Understanding Mourning*. Augsburg 1984.

Donelley, Nina H.: *I Never Know What to Say*. How to help your family and friends cope with tragedy. Ballantine 1987.

Ginsburg, Genevieve, Davis: *Trauer, Schuld und Zorn*. Ein Selbsthilfebuch für Witwen, Zürich 1990.

Greteman, Jim: *Coping With Divorce, From Grief to Healing*. Ave Maria Press 1981.

Grollman A.E.: *Mit Kindern über den Tod sprechen*. Konstanz 1991.
Living When a Loved One Has Died. Beacon Press 1977.
What Helped Me When My Loved Ones Died. Beacon Press 1982.
Time Remembered. Beacon Press 1987.

Jackson, Edgar: *The Many Faces of Grief*. Abingdon 1972.
Understanding Grief. Abingdon 1957.

Krantzler, Mel: *Creative Divorce*. Signet Books 1974.

Kübler-Roß: *Über den Tod und das Leben danach*. Nürnberg 1990.
Verstehen, was Sterbende sagen wollen. Stuttgart 1982.
Was können wir noch tun? Antworten auf Fragen nach Sterben und Tod. Stuttgart 1974.
Kinder und Tod. Stuttgart 1974.

Kushner, Harold S.: *Wenn guten Menschen Böses widerfährt*. Gütersloh.

Lewis, C.S.: *Über den Schmerz*. München 1978.
Über die Trauer. Zürich 1991.

Lindemann. Erich: *Jenseits der Trauer*. Göttingen 1985.

Lynch, James, J.: *Die Sprache des Herzens*. Wie unser Körper im Gespräch reagiert. Paderborn 1987.

Manning, Doug: *Comforting Those Who Grieve*. Harper & Row 1985.
Don't Take My Grief Away: What to do When You Lose A Loved One. Harper & Row 1984.

Mitchell, Kenneth, Anderson, Herbert: *All Our Losses, All Our Grief: Resources for Pastoral Care*. Westminster Press 1983.

Nouwen, Henri J.M.: *Sterben um zu leben*. Abschied von meiner Mutter. Freiburg 1991.

O'Connor, Nancy: *Letting Go With Love: The Grieving Process*. La Mariposa Press 1984.

Phipps, William: *Death: Confronting the Reality*. John Knox Press 1987.

Price, Eugenia: *Getting Through the Night: Finding Your Way After the Loss of a Loved One*. Walker & Co. 1985.

Schiff, Harriett, S.: *Verwaiste Eltern*. Stuttgart 1990.

Smoke, Jim: *Suddenly Single*. Revell 1982.

Spiegel, Yorick: *Der Prozeß des Trauerns*. München.

Stearns, Ann Kaiser: *Und plötzlich ist alles anders*. Verluste verstehen und meistern. München 1981.

Sullender, R. Scott: *Grief and Growth*. Paulist Press 1985.

Thielicke, Helmut: *Leben mit dem Tod*. Tübingen 1980.

Viorst, Judith: *Mut zur Trennung*. Menschliche Verluste, die das Leben sinnvoll machen. Hamburg 1988.

Westburg, Granger: *Good Grief,* Fortress 1962.

Worden, J.W.: *Beratung und Therapie in Trauerfällen*. Stuttgart 1987.

Wyhlie, Betty Jane: *Survival Guide for Widows*. Ballantine 1982.